CH. DE LARIVIÈRE

COMMANDEUR DE L'ORDRE DE SAINTE ANNE DE RUSSIE AU COU

LA
PRINCESSE TARAKANOV

SUIVI DU

DRAME DU CHATEAU DE LOHDE

Avec huit gravures hors texte

PAYOT, PARIS

LA PRINCESSE
TARAKANOV

DU MÊME AUTEUR

L'Alliance franco-russe. Une brochure, 1887. (épuisée).

Catherine II et la Révolution française d'après de nouveaux documents. (Introduction de M. Alfred Rambaud). Un volume in 12, 1895. (épuisé).

Un grand Historien russe : Alexandre Bruckner. Une plaquette. (épuisée).

La France et la Russie au XVIIIe *siècle,* (Etudes d'histoire et de littérature franco-russe, d'après de nouveaux documents.) (première série). Un vol. in 12, 1909. (épuisé).

POUR PARAÎTRE SUCCESSIVEMENT :

Les souverains étrangers à Paris au XVIIIe *siècle.* (Études d'histoire anecdotique.) Un volume.

La France et la Russie au XVIIIe *siècle.* (Deuxième série.)

Catherine II intime : La famille : Un volume.

Les favoris : Un volume.

CH. DE LARIVIÈRE

LA PRINCESSE TARAKANOV

SUIVI DU

DRAME DU CHATEAU DE LOHDE

Avec 8 gravures hors texte

PAYOT, PARIS
106, BOULEVARD ST-GERMAIN
1929

INTRODUCTION

———

« Le peuple acclamera l'héritière de Pierre le Grand. »
Ainsi avait osé parler au comte Alexis Orlof, — le vainqueur
de Tchesmé, — celle qui, prisonnière et cherchant à se justifier, s'était fait appeler princesse Tarakanov.

Parfois le réel contient plus de romanesque que le roman.
C'est le cas de la jeune femme qui usurpa le nom de princesse
Tarakanov, voulut jouer le rôle de prétendante au trône de
Russie, et dont il est à peine possible de fixer « l'identité
et une possession d'état historique [1] ». Ses aventures consti-
tuent le roman le plus touffu qui puisse être. Les plans les
plus compliqués s'y coudoient avec les incohérences les plus
invraisemblables, et le dramatique s'y dispute avec le comique.
Notre but est de marquer les traits essentiels de ce « roman
vécu ».

Il n'y eut pas de relations directes entre l'impératrice

1. Le comte K. Waliszewski

Catherine II et l'aventurière Tarakanov. Mais le complot dont celle-ci fut la tête lui valut les foudres de la Tsarine ; et si c'est à Pétersbourg que la Prétendante songea sérieusement à être couronnée, c'est à la forteresse Saint-Pierre et Saint-Paul qu'elle trouva la mort. Le mystère plane sur la fin comme sur la naissance de cette femme qui tour à tour se donna des noms variés, et qui, en se faisant passer pour la fille de l'impératrice Élisabeth, voulut viser à la couronne de Russie. Le comte Waliszewski a pu dire d'elle : « Tout est mystère dans cette figure simple, qui a un air de fantôme ».

Et c'est par ordre de l'impératrice Catherine II qu'elle fut capturée et emprisonnée. Il est donc logique de la comprendre parmi les femmes, — peu nombreuses d'ailleurs, — dont la grande Tsarine eut à se préoccuper. Une chronique rapporte que Catherine II eut une entrevue avec la prisonnière ; mais rien n'est moins sûr que ce singulier tête à tête.

On pourrait croire que du jour où la Russie, rompant avec ses attaches et ses traditions asiatiques, entra dans le concert des puissances européennes, le trône de ses tsars et de ses impératrices ne fut plus soumis aux hasards sanglants des révoltes de palais. Il n'en est rien. La Russie européanisée ne se priva pas, sous certains successeurs de Catherine II, des coups d'État du genre de celui de 1762. Et bien que la Révolution de la Russie actuelle ait un tout autre caractère, il est permis de se demander si le pays slave n'est pas de ceux

où les conspirations de tous genres éclatent avec le plus de
facilité. Toujours est-il qu'il n'y eut jamais et nulle part
autant de révolutions — comme de favoris — qu'en la Russie
du XVIIIe siècle. Le désordre social ne naît-il pas des abus
excessifs? Or la vie des tsars et des tsarines offre les exemples
les plus frappants d'une corruption effrénée et voulue.

Catherine II, qui devait son avènement à un des plus
terribles attentats que l'histoire ait à relater, eut à compter,
comme ses prédécesseurs, avec les complots qui se tramèrent
contre sa vie et contre sa couronne. Elle les redouta surtout
dans les premières années de son règne, de 1762 à 1774,
jusqu'à la fin de cette grande « Jacquerie » qui se groupa
autour de Pougatchef, et qui fut, suivant l'historien Alexandre
Brückner, « une protestation contre la lèpre du servage et
contre l'inégalité des droits ». Pougatchef, un kosak du Jaïk
qui se fit passer pour Pierre III, et que l'Impératrice affectait
de mépriser, n'en fit pas moins courir à son trône les plus
gros dangers. Tandis que Catherine écrivait à Volkonski :
« Dieu sait comment cela finira », elle disait à Siévers, gouverneur de Novgorod : « Tout cela finira par la potence. »

Et à côté de la révolte du faux Pierre III, qui se distingue
par son caractère populaire, il conviendrait d'en citer plusieurs autres, de moindre envergure, que le Tsarine réprima
avec l'énergie qu'on lui connaît, ou qu'elle déjoua avec
autant d'adresse que de bonheur. Il a pu être dit que la fré-
quence des conspirations et des révolutions en Russie

« dénote le symptôme indéniable d'une infirmité chronique
dans l'organisme du peuple et de l'État ».

Or, la princesse Tarakanov ne prétendit-elle pas, un jour,
que Pougatchef était son frère? Et un de ses rêves était de
prendre l'offensive en Russie à la tête des armées du Sultan
pour prêter son appui à celui qu'elle appelait le prince
Tarakanov. Ou, du moins, cette pensée traversa l'esprit
des conjurés polonais qui attendaient d'elle le salut et le
relèvement de la Pologne. Il fallut la paix de Kaïnardji et
l'esprit pacifique du nouveau sultan pour réduire ce projet
à néant.

En résumé, Catherine II n'ignorait pas que son peuple la
regardait comme une étrangère, et que l'Europe était scep-
tique sur la durée de son règne. Aussi s'efforçait-elle de rassurer les esprits, de leur donner le change et de façonner à
son profit l'opinion européenne. Ses lettres à Voltaire, à
Grimm, à Diderot, etc., en font foi. Et nous savons par les
ministres accrédités à Saint-Pétersbourg, — par ceux d'Angleterre et de France surtout, — qu'elle était sur un perpétuel
qui-vive, se méfiant même et surtout de son fils, le grand-duc
Paul, qu'elle tint toujours éloigné des affaires.

C'est ainsi que lord Cathcart, à propos d'une émeute qui
éclata à Pétersbourg en 1771, écrivait le 10 août : « La populace ne voulait rien moins que détrôner l'Impératrice et
mettre le Grand-Duc à sa place. Aussitôt que le bruit se
répandit de l'indisposition de ce prince, et qu'on le crût

en danger, la populace prit l'alarme, soupçonnant qu'il était empoisonné, et on ne se gênait pas pour accuser de très hauts personnages. » Et un an après, le 4 août 1772, à propos de nouvelles conspirations, sir Gumming s'exprimait ainsi : « L'Impératrice sait que ces conspirations ont été organisées par des individus haut placés, mais pour bien des raisons elle se refuse à tout éclaircissement. Néanmoins, elle ne néglige aucune précaution pour se garder contre toute tentative soudaine. Il n'y a pas un coin, dans les jardins et les environs de Péterhof, qui est le lieu où elle est le plus exposée, où il n'y ait des sentinelles lorsqu'elle y réside. » Et les ministres de France à Pétersbourg, qu'ils se nomment le baron de Breteuil, de Corberon, Durand ou Sabatier de Cabres, ne sont pas moins explicites. A leur avis la Tsarine n'est pas populaire, et si elle a fait tout ce qui est possible pour gagner l'affection de ses sujets elle n'a pas même réussi à obtenir leur confiance.

Les ministres que Louis XV envoya à Pétersbourg recevaient en effet pour instructions d'envisager l'éventualité d'une révolution qui placerait sur le trône de Russie quelque descendant de la famille de Pierre le Grand. Aux yeux de la Cour de France, portée à juger les événements de Russie d'après les rapports de ses ambassadeurs, presque toujours défavorables à Catherine II, (elle s'en plaint amèrement dans ses Lettres aux philosophes), une révolution est chose facile et inévitable. « Il semble que ce ne soit que par une espèce

de miracle que Catherine II a pu échapper aux périls mul-
tipliés de sa position, et ce miracle, elle l'a dû, plus à son
étoile qu'à sa prudence. » Nous relevons ce jugement dans
l'instruction [1] donnée à M. Durand, partant en 1772 pour
Saint-Pétersbourg où l'appelait la confiance du roi Louis XV.
Y a-t-il là quelque exagération? Il est certain, du moins, que
dans les premières années de son règne, Catherine II fut
considérée comme une usurpatrice, et que le gros de la nation,
dans son inconscience et son ignorance des choses de la
politique, ne souhaitait rien plus ardemment que de voir
un Romanof remonter sur le trône. Pour vaincre toutes les
résistances, Catherine II aura soin de prendre son rôle d'impératrice de Russie au sérieux. Elle multipliera les réformes
et les créations heureuses ; elle manifestera publiquement
pour la langue russe et pour la religion grecque une véné-
ration sans pareille et hors de propos. En un mot elle re-
prendra l'œuvre de Pierre le Grand et s'efforcera de la faire
sienne. Malgré tous ses efforts, elle ne réussit que difficile-
ment à modifier en sa faveur l'état des esprits.

Peu à peu, cependant, la nation ressentit les effets de la
prodigieuse activité de la souveraine et de sa remarquable
intelligence, mises au service de la grandeur et de la gloire
slaves. « Le talent et l'énergie de Catherine, le charme de sa

---

1. *Recueil des Instructions données à nos ambassadeurs*, avec introduction
d'Alfred Rambaud. 2 beaux vol. in-8°.

personnalité, le prestige qu'elle avait acquis au dehors, lu
assurèrent une prépondérance invincible », comme l'affirme
un juge auquel on ne saurait trop se fier, l'historien Alexandre
Brückner. En 1772 la Tsarine est encore aux prises avec les
difficultés ; tant que « le marquis de Pougatchef » n'a pas été
abattu, elle ne se trouve pas en sûreté. On peut dire que de
1775 seulement date pour elle une époque de tranquillité
relative. Les mécontents sont à terre et n'osent plus bouger.
Elle va pouvoir se livrer aux douceurs du pouvoir... et à ses
abus.

A côté des révoltes qui marquèrent cette première période
du règne de Catherine II, il convient de faire une petite place
aux aventures de la princesse Tarakanov : non pas que la
Prétendante ait fait courir le moindre risque au trône de la
souveraine, mais parce que le pittoresque et le mystère de
sa vie sont tels qu'il y a curiosité à relever ce point de l'histoire anecdotique de Russie. Femme énigmatique elle eut
un sort non moins énigmatique.

C'est généralement avec un sabre aux côtés que nous
nous représentons les conspirateurs. Nous nous trouvons ici
en présence d'une jeune et jolie femme qui fait servir les
charmes de sa personne au complot qu'elle ourdit, ou que
d'autres, plus politiques, ourdissent avec son assentiment,
et dont elle est le jouet.

Il y a là une page suggestive de l'histoire de Russie. Cette
aventure a d'autant plus droit à être éclaircie, bien qu'elle

n'ait en rien modifié les destinées russes, que la légende en a profondément altéré le caractère.

Il n'est pas défendu à la peinture d'histoire et au roman historique de dramatiser, de poétiser et de défigurer la réalité des faits. C'est ce qui est arrivé pour la princesse Tarakanov. Il importe donc de se reporter aux documents, et de reconstituer la vie de cette Prétendante-Vagabonde qui appartient à l'histoire.

Nous avons rapproché le récit des aventures de la Prétendante Tarakanov de celui des aventures en Russie de la Princesse Frédéric de Wurtemberg, née Augusta de Brunswick, dite Zelmire.

Ces deux récits ont un caractère bien différent. A l'opposé des aventures de la Tarakanov où l'énergie et l'inflexibilité de Catherine II se montrent à nu, apparaît, dans les relations que la Tsarine entretint avec Zelmire, un germe de sentimentalité qui chez elle est inaccoutumée. Ces relations jettent sur l'Impératrice un jour assez nouveau.

D'ailleurs si les récits des aventures de la Tarakanov et de Zelmire peuvent être mis côte à côte, c'est aussi à cause de l'analogie de la fin tragique et mystérieuse des deux femmes. Dans les deux drames se trouve un problème qu'il sera difficile de résoudre.

LA PRINCESSE TARAKANOV

I

On sait d'où vient le nom de Tarakanov.

L'Impératrice Élisabeth Pétrovna, fille de Pierre
le Grand et de Catherine I, à défaut d'un époux
qui, sans doute, ne l'eût pas assagie, eut de nombreux
favoris. Après elle, sous Catherine II, le règne des
favoris se surpassa, si l'on peut dire : Grégoire Orlof
et Potemkine, par exemple, qui furent parmi les
plus illustres, connurent des rivaux qui plus d'une
fois étaient leurs protégés. De même, sous Élisabeth
Pétrovna, Razoumovski avait été obligé de compter
avec ses successeurs ; il conserva néanmoins sa
haute situation officielle et sa grande influence auprès
de l'Impératrice. Celle-ci, en toute circonstance
grave, se plaisait à prendre l'avis de son ancien
favori.

Alexis Razoum, fils d'un kosak du village de Lameschü, eut tout d'abord la bonne fortune de devenir chantre de la chapelle de la Cour. C'est là, qu'Élisabeth, encore grande-duchesse, le remarqua ; de telles relations exigeaient d'arrondir le nom trop plébéien de Razoum ; Élisabeth lui donna celui de Razoumovski. Dès son avènement au trône, dans l'élan d'une passion qui ne se maîtrisait pas, Élisabeth en fit coup sur coup son chambellan, son général-major, son grand-veneur, un général en chef, un chevalier de Saint-André, un comte du Saint-Empire et un feld-maréchal. Entre temps elle l'avait décoré de l'ordre de Sainte-Anne, et elle l'avait secrètement épousé. C'est lui qui disait à l'Impératrice : « Lise, tu peux me nommer feld-maréchal, mais tu ne pourras jamais faire de moi ne fût-ce qu'un simple colonel que l'on puisse prendre au sérieux... »

Les historiens ne s'accordent pas sur le nombre d'enfants qu'Élisabeth eut du Comte Razoumovski. Il plane même quelque doute sur la fécondité de leur union. Suivant Helbig, dans son ouvrage *Les Favoris Russes*, il n'y eut qu'un garçon. Certains historiens parlent de huit enfants ; et elle les aurait fait élever par une Italienne, du nom de Juana, qu'elle avait eue à son service ; la plupart n'en signalent que trois : deux garçons, une fille. Il paraît vraisemblable qu'il y en eut au moins deux, qui peut-être reçurent les noms et titres de Prince et Princesse Tarakanov ; ou du moins la légende leur attribue cette appellation.

C'est cette Princesse Tarakanov qui, dans la main du parti Polonais ennemi de la Cour de Russie, jouera le rôle de Prétendante, et dont nous voudrions retracer la vie aventureuse et pénétrer la mentalité. A moins que la jeune femme n'ait été qu'un imposteur qui prit le nom de Tarakanov !

L'authenticité de la personne, en effet, manque de clarté probante.

Si, d'ailleurs, ce point capital reste dans l'ombre, les événements n'en gardent pas moins leur saveur et leur signification.

La Princesse Tarakanov, ou la fausse Prétendante, ainsi qu'elle a été appelée, (Catherine II, dans ses « pancartes » à Grimm, dit : *L'Imposteur*) a été en Russie l'objet d'études spéciales, mais peu concluantes. Aussi l'imagination féconde de la foule s'est donnée libre carrière, et la fable a été forgée sur la mort de cette jeune femme comme sur les points obscurs de sa vie.

Plus d'un historien, cependant, a parlé d'elle et il existe un certain nombre de documents et mémoires officiels.

Le récit de Castéra, dont on connaît *L'histoire de Catherine II,* ne saurait être du moindre secours. Il adopte sans contrôle les anecdotes qui lui ont été racontées, et il assigne parfois aux aventures de la soi-disant Princesse des dates que nous savons inexactes. Helbig n'est guère mieux informé. Après avoir affirmé que l'Impératrice Élisabeth n'eut de Razoumovski qu'un fils, il accepte purement et simplement la plupart des récits de Castéra, sans s'inquiéter de leurs lacunes et de leurs erreurs. Il prétend, cependant, que la Tarakanov était née en 1753 et que le comte Schouvalof, successeur de Razoumovski dans les fonctions de favori, en devait être l'auteur principal. La contradiction est flagrante. De même, Castéra prétend que c'est en 1771 que la Prétendante tomba dans le piège que lui tendit le comte Orlof. Or nous savons que ce fut en février 1775. Il n'y a donc aucun fond à faire sur les ouvrages de Castéra et d'Helbig. Tout au plus peut-on admettre que la Princesse fut une victime « dont la jeunesse, la beauté, l'innocence auraient dû toucher les cœurs les plus insensibles. »

L'ouvrage plus récent de Vassiltchikof *(La famille des Razoumovski*, Saint-Pétersbourg, 1880), renverse toutes ces combinaisons. Suivant cet érudit russe, les trois enfants de la Tsarine Élisabeth et de Razoumovski, auxquels avait été donné le nom de Tarakanov, auraient été confondus avec trois neveux du grand favori, qui portaient le nom de « Daragan. » En effet, nous savons qu'une sœur du favori Alexei Razoumovski et de son frère l'hetman Kyrill, avait été mariée au cosaque « Daragan » ; et il n'est pas défendu de supposer que le nom de Daragan ait pû être transformé en celui de Daraganov et par la suite de Tarakanov. Si l'on remarque que la Tsarine Élisabeth traitait nón seulement avec la plus grande affabilité les membres de la famille de son favori, qui souvent élisaient domicile à la cour de Russie, — et les Daragan étaient du nombre, — il n'est pas impossible de s'arrêter à cette hypothèse. Mais s'il est difficile d'établir que la Tsarine Élisabeth ait eu des enfants de Razoumosvki, il est pareillement impossible d'affirmer la transformation du nom de Daragan en celui de Tarakanov. Il nous suffit donc de savoir que le rôle de Prétendante fut tenu et de démêler ce qu'il fut. Pour Vassiltchikof dont l'ouvrage a été traduit et annoté par Alexandre Brückner qui lui a apporté l'autorité de sa savante documentation, la jeune femme connue sous le nom de Princesse Tarakanov ne serait qu'une banale aventurière.

Cette incertitude a si bien favorisé la légende que peintres et romanciers se sont appliqués à la dramatiser.

D'après cette légende, la fille de l'Impératrice Élisabeth aurait été, dès l'âge de douze ans, enlevée par le prince Radziwill [1]. Il l'aurait conduite en Italie, lui aurait fait donner l'instruction et l'éducation qui convenaient à son rang, l'aurait entretenue dans l'idée qu'elle était légitime héritière de la couronne de Russie, et l'aurait ainsi préparée à servir ses intri-

---

1. Castèra adopte ce récit.

gues et ses desseins en faveur de la Pologne.

Mais, ajoute la légende, Catherine II, prévenue des projets de Radziwill, chargea le comte Alexis Orlof de s'emparer de la Princesse. Et l'Impératrice l'aurait aussitôt emprisonnée au château de Schlüsselbourg, à l'embouchure du lac Ladoga, dans la chambre même qui, quelques années auparavant, avait été préparée pour elle-même, par ordre de Pierre III. La Princesse Tarakanov, après avoir langui deux ans dans la prison de Schlüsselbourg, aurait péri dans la grande inondation de 1777. Les eaux de la Néva, refoulées par une formidable tempête dans les cachots de la prison, auraient emporté le cadavre de l'infortunée.

Nous verrons tout à l'heure qu'il serait imprudent d'accepter ce récit dû à l'imagination populaire. Les documents officiels nous permettront, notamment, de rejeter la légende de cette fin sinistre de la Princesse en 1777, alors que sa mort remonte à 1775. Aussi n'y a-t-il lieu que de signaler le beau tableau du peintre russe Flavitzky, exposé à Pétersbourg en 1864 et qui figura à l'Exposition Universelle de Paris en 1867. Le peintre, poétisant la mort de la Princesse, l'a représentée dans son affreux cachot, debout, défaillante, sur son lit défait, appuyée à la muraille, affolée par la violence des flots, luttant en vain contre l'eau qui montait toujours et périssant engloutie dans ce trou noir de prison. Le tableau, que nous reproduisons ici, s'il n'a pas disparu depuis la Révolution qui ensanglante la Russie, doit se trouver à Moscou, à la galerie Trétiakoff (nᵒ 252).

Le romancier Danilewski, décédé il y a une quinzaine d'années, dans la force d'un talent qui le place au premier rang, a écrit sur la Princesse Tarakanov un court roman dont une traduction française a paru en 1888. Danilewski, pour faire de l'histoire à l'Alexandre Dumas, ne s'éloigne trop ni de la légende ni de la vérité. Il respecte l'une et l'autre, ajoutant des hors-d'œuvre au fantastique de la réalité.

Aussi bien, pour retracer dans leur ensemble les aventures de la Princesse Tarakanov, avons-nous mieux que le roman de Danilewski et que les anecdoctes d'Helbig et de Castéra.

Challemel-Lacour, qui a publié en 1869 dans *La Revue des Deux-Mondes* sur la Princesse Tarakanov l'étude la plus complète, avait-il en mains beaucoup de documents officiels? Oui certainement, mais plusieurs pouvaient lui manquer. L'auteur ne se prononce pas sur l'authenticité de la princesse Tarakanov, dite dame d'Azov. Mais son récit peut être complété sur quelques points et redressé en certains autres.

Nous y serons aidé par *L'Histoire de Russie,* de Solowiev, et par la magistrale *Histoire de Catherine II* d'Alexandre Brückner, ainsi que par une foule d'autres récits.

Mais en fait de documents dont l'authenticité n'est pas douteuse et auxquels nous ferons les plus larges emprunts, il y a surtout ceux du *Recueil de la Société Historique russe.* Certains, qui se trouvaient aux Archives Impériales, ont été publiés par l'historien K. K. Zlobine.

Nous y trouverons l'oukase de Catherine II chargeant le prince Alexandre Mikhaïlovitch Galitzine d'interroger la prisonnière et de s'enquérir sur ses antécédents ainsi que sur le rôle qu'elle avait personnellement joué dans les intrigues polonaises. Nous y trouverons également l'interrogatoire que subit la Prétendante, le rapport que le prince Galitzine adressa à sa souveraine, ainsi que plusieurs lettres de la Princesse à l'Impératrice et au Prince Galitzine, dont elle implore la pitié.

Bien que ces hoquets de voix déchirante soient peu révélateurs, il est permis d'établir des probabilités sur cette aventurière et sur le rôle que des mains plus exercées s'appliquèrent à lui faire tenir.

Il existe enfin un rapport que le Tsar Alexandre II, désireux de connaître les dessous de ce mystère, se fit adresser après enquête minutieuse : document qui fut déposé aux Archives de Saint-Pétersbourg et dont un recueil universitaire de Moscou publia un fragment en 1867.

Sera-t-il possible, dès lors, d'établir que la jeune femme qui fut arrêtée à Livourne en 1775 dans les circonstances les plus dramatiques et qui mourut en prison à la fin de la même année, était réellement une fille de l'Impératrice Élisabeth et avait des titres pour prétendre au trône de Russie ?

Il sera possible, du moins, de mettre en lumière bien des fils de cette intrigue, de marquer les intérêts en jeu et de fixer quelques points de ce singulier complot de fantaisie.

II

En octobre 1772 s'installait à Paris, dans un bel
hôtel de l'île Saint-Louis, en ce quartier si recherché
au XVIIIe siècle, une jeune et jolie femme qui se faisait
appeler Aly Emetey, princesse de Vlodomir. Elle
arrivait de Londres. Elle était accompagnée d'une
nombreuse domesticité. Avec elle se trouvaient le
baron Embs, qui se disait son parent, et le baron de
Schenk, plus âgé, qui gouvernait sa maison et en
quelque sorte remplissait les fonctions d'intendant.

Un air de mystère entourait ces personnages à
titres parfaitement inconnus et à allures suspectes.
De nos jours une telle descente de voyageurs de
marque serait quelconque et passerait inaperçue.
Au XVIIIe siècle, cette arrivée fit quelque bruit dans

la colonie étrangère et mondaine de Paris. Aly Emetey voulut une installation élégante ; elle eut carrosse et ouvrit ses salons avec éclat. La foule des étrangers qui venaient à Paris pour y apprendre les belles manières, pour faire figure dans les cercles des dames à la mode, pour y dépenser dans le luxe et la dissipation quelques-unes de leurs meilleures années, se pressa dans les salons de l'étrangère.

A vrai dire les dames n'affluaient pas chez la princesse de Vlodomir ; mais il s'y rencontrait quelques vagues personnalités : le comte de Rochefort-Valcourt, grand maréchal du prince de Styrum-Limbourg ; un certain M. de Marine, type de vieux beau dont les allures équivoques ne dénotaient guère l'ancienneté du blason ; le comte Casimir Oginski, l'un des principaux chefs de la nation polonaise, Hetman de Lithuanie, et récemment arrivé en France pour plaider auprès de la Cour de Versailles la cause de la Pologne livrée à l'anarchie.

Nous ne citons que les plus assidus.

On y remarquait aussi un banquier du nom de Mackay et un marchand du quartier Saint-Denis qui répondait au nom de Poncet. Ceux-ci représentaient dans ce salon les espèces sonnantes, et le baron de Schenk savait faire miroiter à leurs yeux les trésors dont la princesse Vlodomir, que l'on disait née en Circassie, devait hériter d'un oncle prodigieusement riche qui se trouvait en Perse.

Il n'est pas difficile de deviner que ces racontars de naissance et d'héritage ne venaient pas de la société qui fréquentait l'hôtel et qui ignorait tout de la princesse ; le baron Embs et le baron Schenk les avaient habilement mis en circulation.

Nous ignorons comment le comte Oginski fit la connaissance de la princesse Vlodomir. Et c'est vraiment dommage ; car à la façon dont un des chefs de cette noblesse polonaise, qui avait tant de motifs pour nourrir contre la Russie des sentiments d'hostilité, noua des relations avec une Princesse qui allait prétendre au trône de Russie, il serait permis de se demander s'il n'y eut pas là les débuts d'une conspiration polonaise.

Il eut été singulier que dans un tel cercle l'amour ne se mît pas de la partie. Le Princesse disait être née en 1752. A la vérité elle paraissait porter un peu plus de vingt ans [1]. Sous son regard fier et altier, nous est-il dit, se cachait un grand air de douceur. Le comte K. Waliszewski, dont la documentation en la matière est précieuse, a pu dire : « Elle est jeune, belle, gracieuse, surtout, avec des cheveux cendrés comme ceux d'Élisabeth et des yeux aux couleurs changeantes comme les siens, passant du bleu au noir et donnant eux aussi à sa physionomie ce caractère d'étrangeté, cet air de rêve qui semblent attachés à toute sa personne et à toute sa destinée. Elle a d'excellentes manières et paraît avoir reçu une éducation soignée. Elle se donne ou on la donne pour une Tcherkiesse, nièce d'un grand seigneur Persan immensément riche... » [2] Grande et maigre,

1. Les historiens ne sont pas d'accord sur cette date. Les uns parlent de sa naissance en 1745 ou 1746 ; Castéra s'arrête à 1755 et Helbig à 1753. Il est difficile d'admettre ces deux dernières dates, car la Princesse n'aurait eu que de 15 à 17 ans quand elle arriva à Paris avec un tel équipage et après un séjour à Londres et autres lieux. Il semble donc que si la date de 1752, que la Princesse indiquait, n'était pas exacte, c'est plutôt à celle de 1745 ou de 1746 qu'il faudrait s'arrêter. D'ailleurs les relations de la Tsarine Élisabeth et du comte A. Razoumovski, si l'on veut voir dans la Princesse leur fille authentique, permettent de le supposer également. D'après un article de la *Rousskaïa-Bessiada* (n° 6 de 1859, page 65), la Princesse aurait indiqué elle-même ces origines à un ministre de Pologne, le marquis Antichi.

2. Le comte K. Waliszewski : *Autour d'un trône*, page 317.

nous disent en effet tous ses historiographes, elle se faisait remarquer par l'étrangeté des yeux qui étaient de couleur « changeante », et dont le regard éclatant et profond troublait et fascinait. Plus tard; en effet, quand elle sera prisonnière du Comte Alexis Orlof, ne lui dira-t-elle pas qu'elle tient de l'Impératrice Élisabeth « le même œil louche et clignotant? » Voici, du reste, ce que nous dit le feld-maréchal-prince Galitzine, qui n'avait pas le désir de la flatter : « Elle est de taille moyenne, sèche, élancée ; ses cheveux sont noirs, les yeux bruns ; elle louche un peu ; le nez est allongé avec une bosse ; c'est pourquoi elle ressemble de visage à une Italienne... » Pour tout dire, la Princesse Vlodomir possédait de véritables pouvoirs de séduction.

La Princesse jouait du clavecin, parlait plusieurs langues (nous verrons plus loin comment elle écrivait le Français!), avait sur toutes choses des vues assez superficielles et ne manquait pas d'esprit. Le rapport du prince Galitzine concorde avec tous autres documents : « Autant que l'on peut juger, elle est impressionnable, emportée, d'une intelligence vive ; elle possède beaucoup de connaissances, parle dans la perfection (!) le français et l'allemand, qu'elle prononce purement ; elle prétend que voyageant en pays étrangers, elle s'est reconnue une grande aptitude pour l'étude des langues étrangères, Elle aurait appris en fort peu de temps l'Anglais et l'Italien, et pendant son séjour en Perse elle a appris l'Arabe et le Persan. »

Était-il surprenant, dès lors, qu'en ce Paris mondain de l'époque, où l'homme de bonne société devait fréquenter les salons élégants, tourner des mots aimables aux dames, et jouer du sourire, la Princesse de Vlodomir traînât après elle un essaim d'adorateurs? C'est le contraire qui surprendrait. Rien ne permet de croire qu'elle ne les tint à quelque distance, mais elle avait l'art d'écouter leurs propos et de les retenir autour d'elle.

Parmi les plus assidus, et qui se disputaient les faveurs de la Princesse, il faut citer le comte de Rochefort-Valcourt et le comte Oginski.

Or, il arriva un trouble-fête pour tout ce monde qui vivait surtout par la grâce monnayée du banquier Mackay et du négociant Poncet. Un beau matin, le baron Embs fut emprisonné pour des billets non

LA PRINCESSE TARAKANOV
D'après le célèbre tableau de Flavitzky.

La Forteresse Saint-Pierre et Saint-Paul a Pétersbourg
où mourut la Princesse Tarakanov.

payés à échéance ; et on apprit qu'il n'était autre
que le fils d'un commerçant de Gand du nom de
Vantoërs qui l'avait chassé à la suite de querelles
peu respectables. L'étonnement des amis de la
Princesse se transforma bien vite en défiance. Les
deux financiers prirent peur, et en gens pratiques
réclamèrent le remboursement de leurs avances.
Mais un soir, en se présentant chez la noble dame,
ils apprirent qu'après avoir congédié sa domesticité
elle avait filé vers l'Allemagne, accompagnée du baron
Schenk et du baron Embs, qui avait été remis en
liberté.

Il n'y a là qu'une banale histoire d'aventurière
qui fait des dupes et puis s'échappe.

Mais malgré les attraits de Paris il serait permis de
se demander ce que la princesse de Vlodomir était
venue y faire, et si la présence du comte Oginski n'y
entrait pas pour quelque but.

Les deux financiers, Mackay et Poncet, avaient-ils
subi des pertes sérieuses ? Toujours est-il qu'ils
s'improvisèrent détectives et se mirent à la poursuite
de la fugitive. Ils la trouvèrent à Francfort, parfaitement installée dans le premier hôtel de la ville,

et se préparant à faire de nouvelles dupes. Mais en créanciers récalcitrants, ils craignirent si peu le scandale que l'hôtelier se débarrassa lestement de cette bande d'aventuriers. Et à la requête du résident de France, le sieur Vantoërs fut de nouveau emprisonné. M. de Marine, qui avait également suivi la Princesse, fut au moins inquiété.

La Princesse était donc menacée de la plus vulgaire des catastrophes, quand un hasard heureux la sauva : Le comte de Rochefort-Valcourt, sérieusement épris, avait naturellement suivi la princesse en Allemagne. Il ne manqua pas de se vanter de sa passion au prince de Limbourg, seigneur de Styrum, comte d'Oberstein, dont il était grand maréchal de la Cour, et il lui raconta dans quelle situation critique se trouvait la dame de son cœur. La situation du prince de Limbourg n'avait rien de brillant. Il était un des principicules d'Allemagne qui, avec une Cour « à panache », commandaient à deux lieues de terrain et à quelques douzaines de soldats. Il prétendait avoir des droits sur de nombreux fiefs, mais il était constamment en difficultés avec les cours de Berlin, Vienne, Copenhague et Saint-Pétersbourg, faisant

valoir ses titres avec une constance que l'insuccès
ne rebutait pas. En attendant mieux, il vivait chéti-
vement des maigres revenus de quelques châteaux
grevés d'hypothèques.

Piqué par la curiosité, le prince de Limbourg se
rendit à Francfort, et se présenta chez la princesse
de Vlodomir qui le reçut avec tous les égards et
lui prodigua ses grâces. Le prince de Limbourg appré-
cia ses charmes et tomba éperdument amoureux de
la voyageuse. Il était de ceux qui se croyaient tout
permis dans l'art de la galanterie. Il remercia donc
son feld-maréchal de lui avoir fait connaître la Princesse, et comme le comte de Rochefort était pour lui
un rival, il s'en débarrassa en le faisant jeter en
prison. Et malgré ses embarras d'argent, il offrit à
la voyageuse un de ses châteaux, celui de Neusess.
La Princesse, en quête d'un gîte, s'empressa d'accepter une hospitalité qui se présentait si à propos.
Elle s'y installa donc, avec son inséparable baron
de Schenk ; et comme l'ameublement du château
laissait fort à désirer, le prince de Limbourg y suppléa
par une garde de quelques soldats. Quant au baron
Embs on ne s'occupa pas de lui. Et il en fut de même

du comte de Rochefort dont la présence eut pû devenir gênante. En ce qui concerne Mackay et Poncet, plus difficiles et plus retors, le prince de Limbourg, malgré sa situation obérée, les calma et les consola avec quelques écus, et pour le surplus de la dette les paya en promesses.

L'aventure ne sort pas trop encore de la banalité. Elle deviendra plus singulière par l'entrée en scène de personnages et d'éléments qui feront prendre à la Princesse de Vlodomir une attitude toute nouvelle.

Les coquettes mettent un art infini à exciter et à contenir tour à tour ceux qui s'aventurent autour d'elles. Le tempérament y apporte ses diverses modalités. Il est des amoureux avec lesquels une femme sait résister pour que persiste la flamme qu'elle a fait naître ; il en est d'autres avec lesquels il y a habileté à..... dépasser les limites de la coquette-tie. Dans ce jeu de l'amour, — qui n'a rien du hasard, — il s'agit de choisir le moment psychologique.

Le Princesse de Vlodomir joua admirablement ce rôle. Elle encouragea, enflamma et contint savamment les élans du Prince de Limbourg. Celui-ci allait fréquemment la voir à Neusess et lui fit une cour assidue. Mais il ne suffisait pas à la Princesse qu'on lui payât quelques dettes trop criardes. Elle souhaitait que le Prince aspirât à sa main. Afin de l'y inciter elle simula un départ pour la Perse, où elle se disait appelée pour un riche mariage que son oncle lui réservait. La feinte réussit à souhait. Le Prince, dans un débordement de passion, lui déclara qu'il ne permettait pas qu'elle s'éloignât. Elle feignit d'écrire au Prince Galitzine, qu'elle disait être son tuteur, pour obtenir l'autorisation de son mariage avec le Prince de Limbourg. La Princesse lui fit croire que Galitzine prendrait sur lui de faire accepter le mariage... par l'oncle de Perse. Dès lors le mariage fut décidé... en principe.

Parmi les confidents du Prince de Limbourg, que fréquentait la Princesse de Vlodomir, se trouvait un prélat catholique, Horstein, esprit avisé, qui soutenait avec elle de longues conversations théologiques. Ce prélat, dont elle avait su capter la confiance et les bonnes grâces, fit entendre au prince de Limbourg qu'avant de contracter mariage il était nécessaire que la fiancée communiquât des documents certains sur sa naissance. Horstein s'en ouvrit même à la

Princesse, qui, loin de s'en montrer surprise, abonda dans son sens et reconnut la prétention naturelle.

A la vérité il était difficile à la châtelaine de Neusess d'indiquer ses origines. Il y a apparence qu'elle les ignorait elle-même. Son imagination suppléa au manque de papiers. Elle déclara au prince de Limbourg qu'elle était Dame d'Azov sous la suzeraineté de l'Impératrice de Russie, et elle se prétendit unique héritière de la principauté de Vlodomir. Orpheline, dit-elle, à l'âge de quatre ans, elle avait été envoyée à la Cour du Shah de Perse, son oncle; elle ajouta qu'il lui suffirait d'obtenir l'autorisation de la Tsarine pour entrer en jouissance de sa principauté, de même que de beaucoup d'autres biens dont elle avait été dépossédée. Selon toute vraisemblance, elle obtiendrait satisfaction aussitôt que l'Impératrice de Russie en aurait fini avec sa guerre contre les Turcs.

Le prince de Limbourg, qui avait peut-être de l'esprit, mais surtout pas mal de naïveté, crut à cette fable. C'est ainsi que, sûre du mariage promis, la Princesse consentit, dit-on, à se départir de ses rigueurs premières.

Quand le roman en arrive à ce point, ou si l'on veut à cette cassure, il est rare qu'il ne prenne pas une directive nouvelle. Commencé en comédie gaie, il se poursuit parfois en un drame sombre. Les scènes de jalousie éclatent et les amoureux se lancent des aménités à la tête. La dame d'Azov et le prince de Limbourg ne manquèrent pas à cette règle. Soupçonneux et jaloux, le Prince fit montre d'une brutalité qui était dans son tempérament. Et la dame d'Azov se défendit avec une habileté consommée.

Les incrédules étaient nombreux à Francfort et dans l'entourage du Prince sur l'authenticité des origines et de la fortune de la dame d'Azov, ainsi que sur ses promesses. Le baron Embs, toujours sous les verrous, paraissait décidé à démasquer l'aventurière ; du moins ses menaces avaient eu pour effet de donner l'éveil et de communiquer le doute. Quant à Mackay et à Poncet, ils ne se consolaient pas de leurs pertes, étaient aux aguets, et ne se gênaient pas pour raconter les équipées de la Princesse à Londres et en d'autres villes. C'est ainsi qu'on apprit que sous le nom de Mlle Franck et de Mlle Scholl, elle

avait habité diverses grandes villes, et partout mêlée
à un monde d'aventuriers et de viveurs, s'était livrée
à de fastueuses dépenses.

Ces bruits étaient arrivés aux oreilles du prince de
Limbourg. Il n'y avait pas prêté créance et n'en
avait tenu aucun compte. Un jour, cependant, après
avoir reçu de Francfort une lettre qui formulait des
griefs précis sur la vie de celle qu'il se préparait à épouser, il voulut en avoir le cœur net, et se présenta à
Neusess, colère et menaçant. Mal lui en prit. La
Princesse le reçut, ainsi qu'il fallait s'y attendre,
avec mille protestations et une souplesse calculée.
Avec une aisance parfaite elle lui expliqua les bruits
mis en circulation par la malveillance du baron
Embs et de ses créanciers. Enfin elle eut raison du
Prince en inventant une grossesse qui eut le don de
l'attendrir et de le désarmer. Le Prince se retira
plus amoureux et plus enchaîné que jamais. En outre,
elle profita de ce succès pour faire entendre au
Prince qu'elle était femme à commander aux événements. Si, ajouta-t-elle, elle ne faisait pas connaître
les secrets de sa naissance, c'est qu'elle avait un rôle
politique à jouer et un système à soutenir. Elle n'en

dit pas davantage. Le prince de Limbourg se rallia au système, sans le connaître.

Mais ce ne sont pas seulement les dettes de la dame d'Azov qui étaient criardes. Celles du Prince de Limbourg l'étaient tellement, que sa situation obérée était de plus en plus difficile. Il avait été décidé que le mariage ne serait célébré que le jour où arriveraient les papiers confirmant les titres de la Dame d'Azov. Ils se firent attendre, nécessairement ; et la dame d'Azov profita de son emprise sur la nature du Prince, pour lui faire miroiter que le mariage exercerait la plus salutaire influence sur l'esprit de l'Impératrice de Russie, et serait le plus sûr moyen d'obtenir la reconnaissance de ses droits sur la principauté de Vlodomir.

Entre temps, et en vue d'attiser les sentiments du Prince, elle lui faisait l'aveu qu'elle était recherchée de divers côtés ; elle prétendit même que le comte Oginski nourrissait pour elle la plus grande passion. Il est vrai que pendant son séjour à Neusess, elle entretenait une correspondance avec le comte Oginski. Cette correspondance n'a pas été retrouvée. On y découvrirait peut-être l'énigme des relations de la Princesse avec les grands chefs polonais et les origines du drame qui allait se dérouler.

Malgré les bruits malveillants auxquels cette liaison donna lieu, et malgré les embarras d'argent toujours croissants, le Prince de Limbourg transféra son amie au château d'Oberstein, autrement confortable que celui de Neusess. Sa terre d'Oberstein, grevée d'hypothèques, formait la meilleure partie de ses États. La dame d'Azov s'y installa vers la fin de 1773.

C'est peu après son installation à Oberstein que se répandit dans la contrée une version sur les origines de l'étrangère qui obtint assez vite une certaine créance. Suivant cette nouvelle version, habilement propagée, la princesse de Vlodomir, dame d'Azov, était une fille de l'Impératrice Élisabeth de Russie et du Comte Alexis Razoumovski ; elle avait reçu à sa naissance le nom de princesse de Tarakanov, et ses autres titres, auxquels elle avait droit, ne lui avaient été donnés que pour masquer sa naissance. Placée d'abord dans un couvent, envoyée en Sibérie, sauvée de l'exil, puis amenée à la cour de Perse, elle était enfin revenue en Europe.

Challemel-Lacour ajoute que ce récit « provoqua un retour d'opinion favorable à la Princesse... »

Le prince de Limbourg eut dû être le premier à rejeter cette nouvelle fable. Il fut le premier, au contraire, à y ajouter foi, et à plaider la cause de celle, qui, petite-fille de Pierre le Grand, devait être couronnée Impératrice de Russie. Il semble, d'ailleurs, qu'à ce moment-là les questions d'intérêt et d'avenir prirent la première place dans les préoccupations de la châtelaine d'Oberstein. Le projet de mariage fut relégué au second plan. Plus que jamais confiant en l'étoile de sa Princesse, le prince de Limbourg lui remettait les papiers qui, établissant ses titres sur le Slesvig-Holstein, pouvaient lui permettre de traiter avec le grand Chancelier de Russie.

Voici donc notre héroïne pourvue aux yeux de l'opinion publique de ce titre de Tarakanov, qui va la jeter dans de nouvelles aventures et qui, lorsqu'elle aura fait acte de Prétendante, la conduira à sa perte.

Il serait intéressant de savoir par qui avaient été mises en circulation ces origines de la mystérieuse princesse. Faut-il y voir la main du comte Oginski avec lequel elle était toujours en correspondance, et celle du prince Radziwill, grand chef des mécontents de Pologne? A démêler ce point nous apprendrions s'il y a là les débuts d'une conspiration polonaise. Il nous sera permis, du moins, de serrer la réalité d'assez près et de dire avec le comte K. Waliszewski : « Le roman de la belle inconnue prend désormais un tournant par lequel il sort de la trivialité et entre définitivement dans l'histoire. »

III

En 1772 et 1773 la Pologne se trouvait dans la plus grande agitation.

Stanislas-Auguste Poniatowski, sans énergie, sans caractère, subissait le joug de Catherine II, de laquelle il tenait son trône. La Pologne était en pleine anarchie des esprits. Les Confédérés de Bar, partisans d'une république aristocratique, — dont ils seraient restés les maîtres, — avaient vaillamment combattu pour l'indépendance polonaise, mais avaient été battus par les armées du Roi et de la Russie. Celle-ci avait imposé son ingérence militaire, diplomatique et administrative, et rien ne se faisait plus en Pologne sans la volonté de Catherine II. Un grand nombre de Confédérés étaient restés sur les champs de bataille. Les autres avaient pris le chemin de l'exil.

C'est ainsi que le comte Oginski était allé à Paris intercéder auprès de Louis XV et de la Cour de France. Ses efforts restèrent sans effet. Les autres confédérés s'étaient dispersés un peu partout. La majeure partie avait choisi pour refuges les petites principautés de l'Allemagne, où, dans une facile tranquillité, ils vivaient de leurs souvenirs et de leurs espérances, sans crainte d'être troublés. Les résidences de Mannheim et des petits villages des environs, parmi lesquels Mussbach, étaient devenus leur quartier général. Le bon marché de la vie et l'accueil sympathique des populations du Palatinat avaient attiré ces émigrés, qui devaient à brève échéance être suivis de tant d'autres !

Le prince Charles Radziwill, palatin de Vilna, principal chef de la Confédération, était allé habiter Mannheim, et ses partisans l'y avaient rejoint, comme pour bien marquer, malgré leur apparente soumission, qu'ils restaient Polonais sur la terre étrangère, résolus à reprendre l'offensive contre le gouvernement de Stanislas-Auguste dès qu'une occasion propice se présenterait. Parmi ceux qui résidaient à Mussbach, se trouvait un Confédéré du nom de Domanski, jeune et brillant, d'un physique agréable, d'une intelligence remarquable et d'une bravoure qui avait fait ses preuves. Le prince Radziwill avait en lui la plus grande confiance. Domanski avait à son service un certain Joseph Richter qui avait été précédemment chez le comte Oginski, à Paris, puis était passé chez la princesse Vlodomir et l'avait suivie à Francfort. Richter parla à son nouveau maître de la Princesse, de ses extravagances, de sa beauté, de ses charmes. Domanski était aventureux ; il résolut de la voir.

Or, en décembre 1773, tandis que le prince de Limbourg villégiaturait chez sa sœur, la comtesse de Hohenlohe-Bastenstein, la princesse Vlodomir fit un voyage de quelques jours à Mannheim. Pour quel motif? Des relations existaient-elles déjà entre elle et les nobles exilés de Pologne? Il ne fut pas difficile à Domanski de rencontrer la voyageuse, de la voir, de lui parler et d'en tomber éperdument amoureux, ...à la manière du comte Oginski, du comte de Rochefort, du prince de Limbourg, etc...

Cette rencontre marque une nouvelle étape des aventures de la Princesse : l'échec de ses rêves sera suivi de ses infortunes.

Mais n'y avait-il là que les effets du hasard? Il ne faut pas oublier que la Princesse continuait à correspondre avec le comte Oginski, ainsi qu'elle en avait fait l'aveu au prince de Limbourg. D'ailleurs, faut-il attribuer au hasard seul, ou à la curiosité ce voyage de la Princesse en plein hiver au cœur de la Colonie Polonaise? Il est difficile de l'admettre. Il n'est pas défendu de croire à un plan prémédité, et de supposer qu'un rendez-vous avait été préparé entre la princesse et Domanski ou d'autres chefs Polonais, et peut-être par Oginski lui-même. Et Domanski agissait-il de son propre mouvement, ou bien comme agent de Radziwill, absent de Mannheim à la fin de 1773? Ces hypothèses n'ont rien d'invraisemblable, puisque, plus tard, Radziwill, prévenu par Domanski des origines mystérieuses de la Princesse, écrivait à celle-ci : « Je regarde, Madame, l'entreprise de Votre Altesse, comme un miracle de la Providence, qui veille sur notre infortunée patrie en lui envoyant une si grande héroïne. » Ce mot :

« l'entreprise de Votre Altesse », ne semble-t-il pas signifier que la dite entreprise ne venait pas de Radziwill, mais était plutôt le résultat d'un complot tramé entre la Princesse et quelqu'un de son entourage? D'autre part, on sait, comme le dit Waliszewski, que Radziwill « en était à rêver d'une tentative audacieuse, qui le ramènerait dans sa patrie en vainqueur et en restaurateur des libertés et des droits méconnus de la République. »

Toujours est-il que peu de jours après le retour de la Princesse à Oberstein, on apprit qu'un étranger venait de s'y installer ; et cet étranger y demeura jusqu'à la fin de janvier 1774. « Il sortait peu, ne voyait personne, semblait éviter avec beaucoup de soin d'attirer l'attention ; il se promenait à la chute du jour sur un chemin qui passait devant le château, et un courrier de la poste le vit à plusieurs reprises arrêté dans l'ombre avec une personne enveloppée d'un manteau noir garni d'un capuchon, qu'il crut reconnaître une fois pour la Princesse. Cet inconnu était-il un amant? La Princesse était d'humeur peu farouche ; mais l'amour n'était pour elle qu'un moyen. Si donc elle ne négligea rien pour exalter la passion que Domanski, car c'était lui, avait conçue pour elle, il lui suffit de ne pas le repousser pour s'assurer de son dévouement. »

Challemel-Lacour, à qui nous empruntons ces lignes, ajoute très judicieusement : « Or, c'est précisément à cette époque que commencèrent à se répandre avec persistance les bruits sur la naissance de la Princesse. Dès lors, la Princesse et Domanski, avaient-ils, dans l'intimité qui s'était formée entre eux, imaginé de concert une fable qui leur permit d'associer leur fortune? Il serait permis de le croire, si la Princesse n'eût été fort indifférente à l'amour, et habituée à le faire servir à des desseins plus sérieux. » En l'absence du prince de Limbourg, la dame d'Azov n'était-elle pas femme à admettre la présence du jeune Polonais? Domanski était un patriote ardent et un esprit aventureux. Et la Princesse était d'un caractère à ne reculer devant aucun obstacle. Il n'est donc pas impossible qu'il y ait eu là le point de départ d'un plan qui, en satisfaisant les sens des deux amoureux, servait surtout leurs ambitions patriotiques.

Là où le doute est permis, c'est de savoir si ce

bruit d'après lequel la Princesse était la fille de l'Impératrice Élisabeth venait de sa propre imagination, ou de celle de Domanski, d'Oginski ou même de Radziwill. Là est le nœud de la question qu'il sera difficile de résoudre, puisque la correspondance entre la Princesse et le comte Oginski n'a pas été retrouvée. Mais ce que l'on peut établir sans crainte de démenti, c'est la corrélation entre ce bruit et la présence de Domanski à Oberstein. Il est des historiens qui, sans rien préciser, ont émis l'avis que la première pensée de la conspiration qui allait se dérouler pouvait émaner de Radziwill dont Domanski n'était que le factotum. Les Mémoires du prince Pierre Dolgoroukov sont affirmatifs à cet égard. Certains contemporains ajoutent même que Radziwill devint également amoureux de la Princesse et lui inspira l'idée de se déclarer Prétendante du trône de Russie. Peu importe, d'ailleurs, de savoir qui eut le premier l'idée d'exploiter ce titre de Tarakanov contre l'Impératrice Catherine II, et à un moment où les gazettes étaient pleines du récit des aventures de Pougatchef, et des meurtres et pillages de ses bandes dans le sud de la Russie.

Mais si le plan n'avait pas été concu par la Princesse elle-même, il n'est pas illogique de présumer qu'il émanait des réfugiés polonais, d'autant que leurs revers ne leur permettaient plus de reprendre les armes sans une aide étrangère et sans une occasion exceptionnelle. Et dans cette conjoncture il y a lieu de se demander en quelle mesure Domanski pouvait être à la fois l'animateur et le bras d'un complot conçu dans l'intimité de celle dont il avait gagné le cœur. Or, c'est le moment où le Prince Radziwill s'était mis en rapport avec Constantinople et avait fait offrir au Sultan le concours de ses Polonais dans la guerre que les Turcs soutenaient contre Catherine II. D'autre part l'Europe avait les yeux fixés sur les tentatives d'un Pougatchef. Et il était d'autres aventures qui préoccupaient l'opinion publique, en particulier celle d'un médecin grec du nom de Stéphano, également apparu aux Monténégrins sous le faux nom de Pierre III. En un pays comme la Russie, où il n'était pas rare, pour se disputer le trône, d'avoir recours à des substitutions de noms et de personnes, il n'est pas défendu de supposer que les Polonais patriotes, qui savaient quel parti l'on pouvait tirer des légendes entourant la famille impériale de Russie, avaient voulu profiter de l'inconnu de la naissance de la dame d'Azov et de ses goûts d'aventure, pour faire d'elle un instrument qui pût servir les intérêts de la Pologne.

Comme le dit Challemel-Lacour, « les circonstances politiques semblaient justifier tous les rêves. »

Cependant, l'année suivante, l'Ambassadeur anglais à Pétersbourg prétendit que la Princesse en question était tout bonnement la fille d'un hôtelier de Prague. Et le Consul anglais, à Livourne, qui eut une certaine part dans l'arrestation de la Prétendante, ainsi que nous le verrons plus loin, déclara qu'elle était fille d'un boulanger de Nuremberg. Suivant d'autres écrivains[1], elle était fille d'un israélite polonais et avait été choisie par Radziwill pour servir ses intérêts.

Avant d'aborder les péripéties des nouvelles aventures de celle qui désormais se fait appeler Princesse Tarakanov, il n'était pas inutile de noter ces variations.

1. Le prince Pierre Dolgoroukov : *Mémoires*, tome II.

La mise en scène offre des particularités curieuses.

Il a été rapporté que la première personne à laquelle Domanski révéla la secret des origines illustres de la Princesse, fut Radziwill, qui, d'abord incrédule, se rendit facilement à la véhémence de parole de son fidèle lieutenant dont il connaissait l'ardeur patriotique. Serait-ce qu'il eût pu être dangereux pour le succès du complot qui allait se machiner, que Radziwill passât pour entretenir des relations avec la Princesse? Toujours est-il que Radziwill se contenta de lui écrire. Et Domanski, par ses fréquentes allées et venues à Oberstein, fut le lien tout indiqué avec l'État-Major polonais. Il tenait le contact.

Le bruit des origines de la Princesse se répandit vite dans les milieux intéressés, et arriva promptement à Paris où le comte Oginski se montra ému et demanda même des explications. Celui-ci envoya à Oberstein un émissaire. Au fait, était-ce pour s'enquérir de la véracité de la nouvelle? N'y allait-il pas plutôt pour apporter ou pour, prendre des instructions? Quand on sait que depuis qu'elle avait quitté Paris, la Princesse de Vlodomir était restée en relations épistolaires avec le comte Oginski, les doutes sont permis·

Mais, avons-nous dit, Radziwill s'était adressé aux Turcs et comptait obtenir du Sultan un entretien. Il « songeait à passer en Turquie, d'où il prendrait son essor avec le concours des armées ottomanes. »[1] Radziwill estima, en effet, que le séjour de Mannheim ne facilitait pas les négociations ; il décida de se rapprocher de Constantinople et de se fixer à Venise. Et comme il entrait dans les intérêts de la Porte, de même que des Polonais, de fomenter la révolution en Russie, il fut décidé que la Princesse irait également s'installer à Venise. Il lui serait facile, dès lors, de se concerter avec Radziwill, et aussi de se mettre en rapport avec le Sultan, ainsi qu'elle le désirait pour la réussite de ses plans.

Après une absence qui avait eu pour effet de raviver sa flamme, le prince de Limbourg, de retour à Oberstein, voulut s'opposer au départ de la Prin cesse. Le projet d'une séparation le plongea dans le désespoir. A vrai dire, il ne se rendait pas compte encore des relations de la Princesse avec l'inconnu de Mussbach. A ses yeux Domanski ne lui faisait

1. Le comte K. Waliszewski.

que l'effet d'un intermédiaire entre Radziwill et la Princesse. D'ailleurs, celle-ci eut grand soin de montrer au prince de Limbourg une lettre plus ou moins authentique qu'elle prétendit avoir reçue d'une amie de Radziwill, la comtesse Sangusko, où il était dit que Louis XV approuvait ses projets de se rendre à Constantinople et de proclamer ses droits au trône de Russie. Le prince s'accoutuma donc à l'idée d'un prochain départ ; et Radziwill, qui était arrivé à Venise en mars pour aplanir les difficultés et préparer une réception digne d'une future Impératrice de Russie, fit signe à la Princesse de se mettre en route. Malgré l'état de sa caisse, le prince de Limbourg trouva moyen de procurer à la voyageuse les allures princières qui lui convenaient ; il l'accompagna jusqu'à Deux-Ponts, et pour lui marquer une union que l'Église n'avait pas consacrée, lui reconnut par écrit le droit de porter, dans le cas où il disparaîtrait avant elle, le titre de Princesse de Styrum-Limbourg. Elle arriva à Venise le 13 mai 1774 sous le titre de comtesse de Pineberg, du nom d'un des fiefs sur lesquels le prince de Limbourg prétendait avoir des droits.

Il semble qu'Oginski et ses partisans n'étaient point restés inoccupés à Paris. En effet, la comtesse de Pineberg s'installa à Venise dans le palais de l'Ambassadeur de France, où un magnifique appartement lui avait été préparé. Et ce ne furent pas seulement Radziwill et les nombreux Polonais qui avaient abandonné le séjour de Mannheim pour tenter de nouveau la fortune, qui lui firent un accueil empressé. Ce furent aussi les officiers et agents français qui se trouvaient à Venise. Quels motifs poussèrent la France à cette imprudence diplomatique? Il est hors de doute que la cause polonaise tenait grandement à cœur à la France, — et à bon droit ; — et la France, plus ou moins bien informée, avait des raisons de croire à la fragilité du trône de Catherine II. La France n'entretenait à cette heure avec la Russie que des relations difficiles. D'autre part, celle qui se disait être princesse Tarakanov n'avait pas encore fait acte officiel de Prétendante. Cependant, la Cour de Versailles n'ignorait pas qu'en donnant asile à cette femme elle abritait du couvert diplomatique les menées turbulentes de la faction polonaise. Pour expliquer cette imprudence il faut croire que

Versailles s'était laissé séduire et avait cru à une révolution en Russie. Pour lier partie avec les patriotes polonais, la cour de Versailles avait des motifs sérieux de croire au succès d'une telle entreprise.

Personne, en effet, à Venise, n'était dupe de l'incognito de la comtesse de Pineberg et de ses intentions, Elle recevait presque avec un cérémonial d'Impératrice tous ceux qui étaient admis à lui être présentés. Les officiers français qui avaient suivi la fortune de Radziwill se distinguaient par leurs assiduités à admirer les talents, les vertus et les sourires de la future souveraine ; la princesse Morawaska, sœur du prince Radziwill, se faisait remarquer par ses fréquentations à l'ambassade de France. Quant à Radziwill et à Domanski, ils visitaient la princesse Tarakanov tous les jours et se concertaient avec elle de l'exécution du grand projet. Un certain baron Knorr, ami du prince de Limbourg, dont elle avait fait un seigneur de Krynov, tenait le rôle d'intendant et pourvoyait à ses besoins.

Aux côtés de Radziwill il faut citer le comte Potocki un des principaux chefs de la Confédération de Bar,

et un jeune homme qui répondait au nom de Czernowski : Dans la foule d'étrangers qui se pressaient
dans les salons de la Princesse, Edouard Wartley
Montague, le fils de la célèbre voyageuse Lady
Marie Montague, qui ne le cédait à sa mère en
aucune excentricité. Un certain Martinelli, direc-
teur de la Banque de Venise, était, et pour cause,
un des plus choyés. La caisse de la Banque ne resta,
d'ailleurs à la disposition de la Princesse que durant
quelques mois. Au bout de peu de temps la Prétendante et ceux qui l'accompagnaient étaient réduits
aux expédients. La situation fut sauvée par Radziwill, qui, pour être plus rapproché de la Turquie,
jugea opportun de se transporter à Raguse. Le séjour
de Raguse fut adopté de tous, et la Princesse y
devança Radziwill et son entourage polonais. Le
départ de la Prétendante donna lieu à une manifes-
tation où Radziwill prit la parole au nom de ses
compatriotes, et exprima l'espoir de voir bientôt
la Princesse sur le trône de Russie. Celle-ci y répondit
et affirma qu'elle s'appliquerait à réparer les torts
et les crimes commis au préjudice de la Pologne.
La chute de Catherine II permettait donc de présa-

ger celle du roi Stanislas Poniatowski et le triomphe
de ses adversaires.

L'arrivée à Raguse fut aussi sensationnelle que
l'avait été celle de Venise. Sur la demande de Radziwill le consul de France mit sa maison de campagne à la disposition de la Princesse et de sa suite.
La villa était admirablement située sur un coteau,
au milieu des vignes et des arbres. C'est là que la
Princesse continua à mener une vie élégante ; les
Français et les amis de la France à Raguse lui marquèrent de l'empressement, et aussi toute l'aris-
tocratie de la ville qui manifesta le désir de lui être
présentée.

Raguse était une ville où les plaisirs mondains
étaient assez nombreux ; la meilleure société prit le
chemin de la villa du Consulat de France ; et, comme
à Venise, l'opinion publique s'intéressa aux aventures de l'étrangère, à ses malheurs, à ses projets,
et lui marqua la plus entière confiance. Aucun soupçon ne vint troubler les premiers temps de son
séjour. Il est vrai qu'accoutumée au parler et aux
allures de la diplomatie, habituée à fréquenter de
hauts personnages, la Princesse s'était faite à son

rôle et avait fort bien appris, sans doute de Radziwill
et de Domanski, les dessous et les à-côtés des affaires
européennes. Elle faisait montre de ses connaissances sur les choses de Russie et s'entretenait à
merveille de tout ce qui avait rapport à l'Orient.

Entre temps la dame d'Azov avait eu soin de communiquer à Radziwill des documents auxquels elle
attachait la plus grande importance : un prétendu
testament de Pierre le Grand, et un autre d'Élisabeth
qui établissait ses titres à la couronne de Russie.
C'est dans ce document que la tsarine Élisabeth la
désignait pour lui succéder sous la tutelle du prince
Pierre de Holstein. La Princesse manifesta même
le désir d'envoyer une copie de ces documents à
Alexis Orlof, frère du favori de Catherine II, qui,
à ce moment, commandait la flotte russe en rade de
Livourne et passait pour y être en disgrâce. Et elle
projeta de lancer sous peu un manifeste qui ferait
connaître sa pensée et ses droits sur la couronne de
Russie. Challemel-Lacour fait observer que Radziwill « ne parut pas s'inquiéter » de l'authenticité de
ces pièces. Avaient-elles été écrites de la main de
la Princesse? Ou bien rédigées par quelqu'un des

intéressés de la cause polonaise? Il serait difficile de se prononcer.

Il n'est pas facile davantage de préciser la part d'initiative qui revient à la Princesse dans ces menées à la fois si étranges et si hardies. Mais il est permis d'établir le but qu'elle poursuivait. C'était de se servir de la Sublime Porte comme intermédiaire pour répandre des manifestes en Russie et y gagner les populations. Qui prouve bien, au surplus, que ces menées devaient s'étayer sur les complaisances ou la complicité de la Turquie, c'est la débâcle qui se produisit chez tous ces conspirateurs en chambre à la nouvelle de la paix de Kaïnardji.

C'est à cause des Turcs qu'avait été choisi le séjour de Venise, puis celui de Raguse. Or, la paix russo-turque renversa toutes les espérances du parti. Radziwill avait compté sur la princesse Tarakanov pour influencer la Sublime Porte et activer ses prétentions contre la Russie. Il avait compté sur l'exaltation du patriotisme polonais à la nouvelle de la présence de la Prétendante dans l'armée turque, pour raviver les hostilités et leur donner un nouvel élan. Et tandis que Radziwill attendait un avis de départ pour rejoindre le camp turc, la nouvelle du traité de Kaïnardji anéantissait tous ces espoirs. Radziwill ne cacha pas son découragement à la princesse Tarakanov. Celle-ci, soit qu'elle eut pris son rôle au sérieux, soit qu'elle sut mieux cacher le fond de sa pensée, ne se laissa aller à aucun désespoir. Elle jugea même le moment opportun pour pousser la Turquie dans ses retranchements et lui faire savoir ce qu'elle projetait. Le principal argument dont elle songea à se servir fut la révolte de Pougatchef, qui, avec ses bandes, s'emparait de certaines villes et mettait la campagne russe à feu et à sang. A son avis il serait impossible au gouvernement de Catherine II de venir à bout de cette révolte populaire ; et elle en concluait qu'il lui serait facile de renverser l'usurpatrice Catherine si la Porte consentait à lui prêter son appui. A ce propos elle fit à Radziwill une révélation qui parut le surprendre. C'est que Pougatchef n'était pas Pierre III, mais était comme elle un fils d'Élisabeth et de Razoumovski, et s'appelait le prince Tarakanov.

Cette révélation inattendue était-elle imaginée pour retenir Radziwill qui menaçait de se retirer et par suite de ne plus fournir de subsides? Il se peut. Quoi qu'il en soit, la Princesse donna à Radziwill toute sorte d'arguments et lui remit même une lettre explicative destinée au sultan.

Cette ténacité à poursuivre le rôle qu'elle s'était attribué permet-il d'induire que c'est bien à elle et à Domanski qu'était due l'initiative du complot? Peut-être. Quoi qu'il en soit, à partir de ce jour Radziwill se montra plus réservé. La méfiance était entrée dans son esprit. Et d'abord il jugea inutile — ou compromettant — de faire auprès de la Sublime Porte la démarche que la Princesse lui avait suggérée ; et il s'abstint d'envoyer au sultan la lettre qu'elle lui avait confiée.

Du reste c'est le moment où un incident fâcheux vint jeter des soupçons graves dans l'esprit des initiés de Raguse, et porta un coup décisif au prestige et au crédit de la Princesse. Un matin un homme fut trouvé évanoui et blessé à côté d'une porte donnant accès aux jardins de la villa du consul de France, et le blessé était Domanski. L'enquête fut tenue aussi secrète que possible, de façon à éviter des ennuis à la colonie polonaise aussi bien qu'à la Pré-

Le Comte Oginski
Hetman de Lithuanie
D'après une peinture du Musée Roumiantsov.

Le Prince Charles Radziwill
Palatin de Vilna
D'après une peinture du Musée Roumiantsev.

tendante. On apprit, néanmoins, qu'un garde avait remarqué depuis plusieurs nuits un homme errant dans les vignes, et il avait tiré au hasard. Domanski fournit des explications qui eurent le don de ne convaincre personne. A partir de ce jour la Princesse fut discrètement qualifiée d'aventurière, et Domanski passa pour son complice. Il semble que Radziwill se rappela — un peu tard — que Domanski avait été le premier à plaider chaleureusement la cause de la Prétendante. Serait-ce, au contraire, que Radziwill, ennuyé d'être mêlé à une aventure qui n'avait pas réussi, profita de cet incident pour rompre avec la Princesse, et usa de ce prétexte pour se dégager? L'on ne sait. Mais le charme fut rompu et à partir de ce jour les relations entre la Princesse et la colonie polonaise, les officiers français et la société de Raguse ne furent plus les mêmes. Certes, les nobles manières de la Princesse, son élégance, le prestige dont elle avait été entourée, lui assurèrent les dehors du respect. Mais un refroidissement notable se fit sentir.

D'ailleurs, un autre événement, qui suivit de près, contribua à donner l'éveil et à favoriser les soupçons :

Le récit des prouesses et des intentions de la Prétendante avait fait quelque bruit à Paris, — sans
doute par l'entremise d'Oginski. Or, le comte de
La Rochefoucauld ainsi que le comte de Bussy,
appelés en Allemagne, avaient fait un arrêt à Oberstein. La solitude pesait-elle au prince de Limbourg?
Est-ce plutôt la découverte des infidélités de la
Princesse? Toujours est-il que le prince de Limbourg, qui adressait toujours à celle qu'il devait
épouser, des lettres avec ce titre : *Princesse Élisabeth
de toutes les Russies*, laissa éclater sa jalousie, et se
livra à des confidences qui furent peu favorable-
ment interprétées. Les adorateurs et les courtisans
de la Princesse durent mettre une sourdine à leur
enthousiasme. La situation à Raguse devint donc
délicate.

De plus, à tenir son rôle, la Princesse n'avait pas
été sans commettre quelques imprudences. N'avait-
elle pas dit, en effet, qu'elle était la fille de Kyrill
Razoumovski, l'ancien hetman des cosaques? Or,
c'est son frère Alexei Razoumovski, qui avait été
le favori de la tsarine Élisabeth. Radziwill ne lui
aurait pas laissé commettre une erreur aussi préju-

diciable au rôle qu'elle s'était attribué. Voilà qui permettrait de supposer que Domanski, moins bien documenté sur les faiblesses d'alcôve de l'impératrice Élisabeth, avait été l'instigateur de cette aventure.

Ces fautes devinrent plus fréquentes quand Radziwill et sa suite eurent quitté Raguse pour retourner à Venise. Abandonnée par ses plus ardents partisans, elle résolut de s'adresser à Alexis Orlof. Grégoire Orlof n'était plus le favori en titre de Catherine II. Il avait pris l'honorariat et son frère Alexis avait été éloigné de Saint-Pétersbourg. Alexis Orlof commandait la flotte russe dans la Méditerranée. La Prétendante espérait s'adresser à un mécontent qui se rallierait à ses idées et lui viendrait en aide. Dans la lettre qu'elle lui adressa elle fit miroiter ses titres divers, déclara que Pougatchef était son frère et se vanta de la protection du Sultan qui reconnaissait la légitimité de ses prétentions. Elle promettait à Orlof les plus hautes dignités et le priait de lui procurer les sommes nécessaires pour se rendre à Constantinople. Orlof ne prêta à cette communication qu'une attention discrète. Et ce fut cette démarche dont la Princesse augurait le succès qui la perdit.

Il arriva un moment où le séjour à Raguse ne fut plus possible. Il était temps que la Prétendante « se décidât à une retraite honorable ». Édouard Montague la recommanda au chevalier Hamilton, ambassadeur d'Angleterre à Naples, celui-là même que les amours fougueuses de sa femme rendirent si célèbre ; et la voyageuse partit pour Rome où le pape Clément XIV venait de mourir. Son fidèle Domanski ne l'avait pas quittée ; elle était également accompagnée de Czernowski, et d'un Jésuite du nom de Chanecki, qui depuis quelques mois vivaient dans son intimité. Le 30 octobre 1774 elle débarquait dans le port de Barletta.

La princesse Tarakanov s'arrêta à Naples avant d'arriver à Rome. Elle y demeura quelques semaines et descendit à l'ambassade d'Angleterre où sir William Hamilton et lady Hamilton lui firent un accueil empressé. Lady Hamilton était la première femme de l'ambassadeur ; on sait que ce fut la seconde femme de sir Hamilton qui se rendit célèbre par son intimité avec la reine Caroline et par ses amours avec Nelson. Lady Hamilton chercha à retenir la princesse Tarakanov à Naples. Celle-ci résista à l'invitation et arriva le 21 décembre à Rome où le jésuite Chanecki l'avait devancée pour lui préparer un domicile. Elle jugea opportun de mener à Rome une vie toute différente de celle qu'elle avait tenue en ses autres résidences. Elle affecta même une *vie de retraite*. Le point capital pour elle était de réussir dans le nouveau rôle qu'elle projetait de se donner, et le luxe du train de vie n'était plus chose nécessaire. Il était d'importance que le séjour de Rome procurât à sa cause le succès qui lui avait été refusé jusqu'alors ; or la capitale de la catholicité offrait un champ de bataille tout différent de celui de Venise ou de celui de Raguse. La Princesse ne devait plus chercher à briller et à attirer les regards par le charme de sa grâce féminine. Elle s'acquitta à merveille, d'ailleurs, de cette nouvelle attitude diplomatique. Elle fit choix d'une spacieuse et élégante demeure en un quartier sage et retiré de la Ville Éternelle, et elle consacra son temps à de bonnes œuvres. Elle sortait peu de son isolement. Sa réputation de charité, à laquelle elle visait, fut vite établie.

Elle s'entoura, d'ailleurs, d'un certain mystère,

ne recevant que Domanski et Czernowski, qui prirent le nom de Lénowski et de Sténézewski, auxquels venait se joindre le jésuite Chanecki. Avec ses fidèles pénétraient en sa demeure quelques anciens jésuites polonais qui relevaient la tête depuis le décès du pape Clément XIV, et surtout depuis la réunion du conclave qui paraissait devoir assurer l'élection du cardinal Breschi, le futur Pie VI.

La Princesse était arrivée à Rome sous le nom de comtesse de Valmoden, — vocable d'un autre fief dont le prince de Limbourg réclamait la restitution ; — mais elle n'était désignée à Rome que sous le nom de *La Dame Étrangère*, et on la bénissait pour ses largesses et ses aumônes. Elle en était réduite, cependant, à trafiquer de quelques décorations de la principauté de Limbourg, dont elle avait eu la précaution de s'approvisionner.

Le premier objectif de la comtesse de Valmoden fut d'entrer en relations avec le cardinal Albani, protecteur des Polonais, dont l'influence était considérable dans le sacré collège. La réunion du conclave rendait impossible toute entrevue avec le cardinal. Le jésuite Chanecki, cependant, parvint à lui faire tenir un billet et à lui faire savoir que la princesse Élisabeth de Moscovie était à Rome et désirait l'entretenir des intérêts de sa couronne et de ceux de l'Église. Albani, ne pouvant quitter le conclave, lui dépêcha un de ses familiers, Monsignor Roccatani, auquel, après quelques préliminaires et avec de prudentes réserves, elle s'ouvrit de ses projets. Elle connaissait, dit-elle, les espoirs qui couvaient dans les âmes catholiques de Pologne ; et elle n'ignorait pas d'autre part les sympathies du cardinal Albani pour la Pologne.

La première mutilation de la Pologne remontait à 1772, mais n'avait pas ralenti, en effet, les relations entre le Vatican et Varsovie ; le Saint-Siège conservait pour la Pologne catholique un penchant qui n'était pas douteux. Au dire de la Princesse, Rome n'avait qu'à dire un mot au clergé polonais pour exciter et soulever les populations ; aussitôt tout le pays serait en armes. La Prétendante profiterait de ce mouvement populaire pour faire son entrée à Pétersbourg, et elle y serait acclamée, car la Russie était lasse de la tsarine Catherine II, — une étrangère. Elle ne manqua pas, d'ailleurs, de montrer à monsignor

Roccatani l'original *(sic)* du testament de l'impératrice Élisabeth où ses droits à la couronne étaient nettement établis. Et comme récompense de ce concours, elle fit miroiter les faveurs qu'elle n'aurait cesse d'octroyer au catholicisme pendant son règne. C'est avec une rare compétence des questions ecclésiastiques et des intérêts de l'Église qu'elle discuta avec l'émissaire du cardinal Albani ; elle lui fit même pressentir, pour le lendemain de son couronnement, une conversion publique dont l'Église romaine pourrait tirer profit. Comme on pense la Princesse avait été remarquablement stylée par son entourage et en particulier par le jésuite Chanecki.

L'échec de ses projets avec Radziwill et la Sublime Porte l'avait donc amenée à modifier ses plans. C'est désormais vers le parti catholique de Pologne et sur l'appui du clergé qu'elle tourne ses regards ; c'est d'eux qu'elle va attendre le succès. Il ne semble pas douteux, dès lors, que ce changement d'attitude de la Princesse était dû pour la plus grande part au jésuite Chanecki et à l'élément prêtre de son entourage immédiat.

Roccatani, auprès duquel elle avait déployé tous

ses talents d'enveloppement, sortit de cette visite émerveillé et séduit. Sans songer à contrôler la teneur de ses propos, il en fit part au cardinal Albani et ne lui cacha pas son admiration. Le cardinal se promit d'éclaircir le mystère.

Mais pendant ce temps la Princesse en était réduite de nouveau aux expédients, malgré les avances de quelques généreux partisans. Il était urgent qu'une solution intervînt, et les nouveaux amis de la Prétendante n'étaient peut-être pas pressés de se lancer dans une aventure qui ne présentait pas toutes les chances de réussite. C'est alors qu'elle eut l'idée de s'adresser à sir Hamilton dont elle avait apprécié le récent accueil. Elle lui écrivit et lui demanda de vouloir l'aider à contracter un emprunt que le comté d'Oberstein servirait à garantir ; elle lui marqua l'intention de se rendre à Constantinople où sa présence paraissait utile ; de plus, elle sollicitait de sir Hamilton une lettre de recommandation pour son collègue l'ambassadeur d'Angleterre sur le Bosphore.

Cette nouvelle démarche contribua à la perdre. Pour compléter la somme qu'elle demandait, sir

Hamilton crut devoir s'adresser à son ami sir John Dick, consul d'Angleterre à Livourne, et il lui envoya la lettre de la Princesse. Sir John Dick était en relations suivies avec le comte Alexis Orlof, alors en rade de Livourne ; et il trouva l'affaire si louche ou si curieuse qu'il en fit part au comte Orlof. Celui-ci eut l'intuition qu'il se trouvait en présence de la personne, qui, quelques mois auparavant, lui avait adressé une lettre d'allure mystérieuse et à laquelle il avait volontairement négligé de répondre. Il estima qu'il avait affaire à une aventurière. Dès lors, il résolut de s'informer, et si possible d'attirer la Prétendante dans un piège et de s'en emparer. « Dans la politique du XVIIIe siècle le guet-apens était d'usage courant[1]. » Le guet-apens allait être dressé.

1. Le comte K. Waliszewski.

IV

Alexis Orlof, frère du favori Grégoire Orlof, était
le vainqueur de Tchesmé, où la flotte turque avait
été détruite le 5 juillet 1770. En 1775, le règne des
Orlof à la cour de Russie subissait une éclipse.
Catherine II n'avait pas commis l'imprudence de
rompre avec eux, car elle les savait capables de
toutes les audaces. Elle ne pouvait oublier l'assas-
sinat de Pierre III où Alexis Orlof avait tenu un rôle
capital. Ayant donné des successeurs à Grégoire
Orlof, la Tsarine l'avait éloigné en le couvrant de
faveurs d'un autre genre. Quant à Alexis Orlof, elle
lui avait confié le commandement de son escadre
dans la Méditerranée.

La princesse Tarakanov n'était pas sans connaître

le mécontentement latent des Orlof. Elle nourrit dès lors le fol espoir de les attirer à sa cause. Mais Alexis Orlof n'était pas homme à lâcher la proie pour l'ombre, et il était passé maître dans l'art des fourberies en honneur à la cour de Russie. Sa première pensée avait été que l'Impératrice usait d'un subterfuge pour mettre à l'épreuve sa fidélité et son dévouement. Dans cette conjoncture il avait fait parvenir à sa souveraine les premières lettres de la Prétendante. Il s'en était tenu à cette banale communication.

Mais quand le consul anglais de Livourne se fut ouvert des projets de la Princesse, il ne douta plus de l'existence de la Prétendante, ainsi que de la véracité de ses menées et de ses intrigues ; il s'empressa aussitôt de les porter à la connaissance de la Tsarine : « J'ignore s'il y a au monde une telle personne (une fille de l'impératrice Élisabeth) ; mais s'il y en a une, et qu'elle songe à ce qui ne lui revient pas, le meilleur serait : *une pierre au cou et à l'eau.* Je joins à ce pli la lettre que l'Étrangère m'a adressée. Vous reconnaîtrez bien à la lecture ses intentions. Il me semble que le style ressemble étrangement à celui des manifestes de Pougatchef. Peut-être voulait-on s'assurer jusqu'à quel point je suis dévoué à Votre Majesté. Je n'ai pas répondu pour ne pas confirmer qu'un pareil sujet existe au monde, et pour ne pas encourir la suspicion... J'ai délégué un officier sûr avec l'ordre de causer avec la Dame, de lui promettre verbalement mes services et de l'engager à se rendre à Livourne pour une entente définitive. Mon intention est de l'attirer sur un navire et de l'envoyer directement à Cronstadt. J'attends à ce sujet vos ordres. » Catherine II répondit de suite : « J'ai lu la lettre qui vous a été adressée par l'*escroque*. Elle concorde parfaitement avec celle qu'elle a écrite au comte Panine. On sait ici qu'elle s'est trouvée au mois de juillet avec le prince Radziwill à Raguse. Mandez-nous où elle se trouve actuellement. Attirez-la dans un endroit où il sera facile de l'emmener sur un navire sous bonne escorte ici ; si elle est encore réfugiée à Raguse, je vous autorise à envoyer là-bas un ou plusieurs navires et de réclamer la livraison de cette créature qui s'arroge avec tant d'audace un nom qui ne lui appartient d'aucune façon ; en cas de désobéissance (c'est-à-dire si la remise de la personne est refusée), je vous donne pouvoirs pour menacer ; si un châtiment est nécessaire vous pouvez lancer quelques bombes sur la ville ; mais si l'on peut s'emparer de sa personne sans bruit, je suis d'accord. » Cette missive du 12 novembre 1774 prescrit donc au vainqueur de Tchesmé de s'emparer à tout prix, « par ruse ou par force, de la prétendue petite-fille de Pierre le Grand ».

Le ton impératif de la lettre marque le courroux de l'Impératrice, et sa ferme intention de couper court aux menées des agitateurs. Elle entrevoyait même le bombardement de Raguse, et cet admirable : « Je suis d'accord » ne signifiait-il pas implicitement la suppression de la Prétendante? Les antécédents d'Alexis Orlof permettaient de croire qu'il s'acquitterait de sa mission sans hésitation et avec sa brutalité habituelle.

Il importait, cependant, pour s'emparer de la Prétendante, de faire preuve de quelque dextérité et de recourir à une certaine mise en scène.

Un jour la princesse Tarakanov vit arriver chez elle le banquier anglais Jenkins ; il se déclara autorisé à lui ouvrir un large crédit. La Princesse s'imagina d'abord que cette visite était due à l'entremise de sir Hamilton, et elle n'en parut pas autrement surprise. Cependant, elle posa des questions et apprit du banquier qu'il était envoyé par sir John Dick, consul d'Angleterre à Livourne, dont il était le représentant à Rome. La démarche, dès lors, lui parut suspecte, et jusqu'à plus ample information, malgré sa détresse financière, elle refusa les subsides du visiteur. A quelques jours de là, elle remarqua, lors de ses sorties, le salut obséquieux d'un inconnu qui paraissait monter la faction dans le voisinage de son hôtel. Et un jour l'inconnu aborda Chanecki entrant chez elle. Le jésuite marqua quelque surprise ; mais l'inconnu se montra au courant des affaires de la Princesse, et assura que ses projets étaient honnêtes et réalisables ; à son avis, elle trouverait, quand il le faudrait, bien des appuis dont elle ne se doutait pas. Le lendemain le même étranger marquait à Chanecki le désir d'être présenté à la Princesse. Celle-ci, intriguée et curieuse, donna son consentement à un entretien. L'étranger, introduit auprès de la Princesse, lui avoua qu'il se nommait

Cristeneck et était officier de l'état-major du comte Alexis Orlof. Il ajouta qu'Alexis Orlof était l'instigateur de sa démarche comme de celle du financier Jenkins. Il venait de la part d'Orlof pour engager la Princesse à se rendre à Pise où elle trouverait un climat plus tempéré que celui de Rome. Le prince Orlof était retenu à Livourne pour les devoirs de son commandement, sans quoi il se serait rendu à Rome pour offrir ses services à la Princesse. Comment peut-il se faire que la Princesse ne se montra pas autrement surprise de dires aussi étranges ? Est-ce parce qu'elle ne doutait pas de son pouvoir de séduction sur l'esprit ambitieux et aventureux d'Alexis Orlof ? Cristeneck n'eut besoin que de quelques visites pour convaincre la Princesse et l'amener à accepter les offres de son maître.

Domanski sentit un piège et fit des objections ; il déclara à la Princesse qu'elle courait à sa perte. Ses efforts restèrent vains. Serait-ce que Domanski lui était devenu à charge et qu'elle espérait trouver en Orlof un ami de cœur en même temps qu'un appui pour ses revendications au trône de Russie ? La supposition n'a rien d'invraisemblable. Elle répondit à

Domanski qu'elle allait là où l'appelait sa destinée. Cette détermination n'admettait pas de réplique. Domanski lui déclara, cependant, qu'il la suivrait partout.

La paix de Kaïnardji, l'éloignement de Radziwill et la fin dramatique de Pougatchef avaient ruiné les espérances de la Prétendante. Jouant le tout pour le tout elle n'avait plus qu'à se fier à Orlof ou à se retirer de la scène des intrigues politiques. Elle préféra donner un nouvel aliment à sa vie d'aventures et s'accrocher à cette planche de salut. Cette planche lui valut la catastrophe. En février 1775 elle quittait donc Rome où son départ fit beaucoup plus de bruit que n'en avait fait son arrivée ; et elle alla s'installer à Pise où Alexis Orlof avait eu soin de lui faire préparer un magnifique appartement.

Le départ de Rome, en effet, revêtit quelque caractère de solennité. La Princesse prit congé avec apparat des amis qu'elle s'y était fait. Monsignor Roccatani et plusieurs de ses partisans, dont quelques-uns avaient des attaches avec la Pologne et avaient été tenus au courant de ses projets, cherchèrent à la dissuader. Leur astuce italienne flairait un piège ; ils s'efforcèrent, comme Domanski, de la détourner de son projet. Ce fut en vain, et elle partit de Rome recevant de tous des souhaits pour le succès de son entreprise. Orlof se porta au devant de la voyageuse et eut pour elle les plus grandes marques de déférence. Il s'appliqua à la traiter presque en souveraine et à gagner sa confiance. Installée à Pise elle se rendait assez souvent à Livourne ; et elle y descendait au consulat d'Angleterre, où sir John Dick, peut-être du complot, la recevait avec tous les égards dus à une princesse de sang royal.

Malgré tout il est assez difficile de déterminer si la Princesse avait pour principal objectif de jouer un rôle de prétendante ou simplement un rôle de séduction. Nous empruntons au récit de Challemel-Lacour ce suggestif passage : « Orlof lui rendait des soins assidus ; il l'entourait de tels honneurs qu'il n'avait pas eu besoin de s'expliquer pour qu'elle le comprît. Il se plaignait amèrement de Catherine, qu'il taxait d'ingratitude, et la chute de son frère sacrifié récemment à Potemkine, après une longue faveur, donnait de la vraisemblance à ses griefs ; il laissait clairement entendre qu'ils saisiraient tous deux avec joie l'occa sion de se venger. Il attendait seulement, pour publier le manifeste de la Princesse, que l'amiral Greigh, dont il disait n'être pas assez sûr et qui avait sous ses ordres une partie de la flotte, fût éloigné. Le crédit de la Princesse sur le comte Orlof était évident ; aussi ses officiers la courtisaient, et Cristeneck l'avait suppliée de demander pour lui le grade de capitaine, qui lui fut en effet accordé à la prière de la Princesse. Elle reçut, pendant le carnaval, des billets mystérieux dans lesquels on la saluait impératrice de toutes les Russies. Le dévouement dont Orlof lui prodiguait les témoignages ressemblait de plus en plus à de l'amour ; il entretenait à Pise une maîtresse qu'il renvoya en donnant le plus d'éclat possible à cette rupture. Enfin le consul anglais se rendit un jour chez la Princesse avec une solennité inusitée pour lui adresser une prière que son ami le comte Orlof, craignant de manquer au respect qu'il devait à sa souveraine, n'osait lui faire de sa propre bouche ; il la suppliait de lui dire, puisqu'elle voulait bien se confier à son courage, s'il pouvait espérer qu'un jour elle ne repousserait pas les vœux de son humble sujet. Elle ne s'offensa pas de cet hommage, et plusieurs indices autorisent à croire qu'Orlof n'eut pas honte de la tromper par un mariage simulé pour lequel il se servit d'un aumônier de la flotte. » Orlof, d'ailleurs, réussit si bien à capter sa confiance, sinon son cœur, qu'il pouvait écrire à la Tsarine qu'il jouait auprès de la Princesse le rôle d'amoureux et avait même pu lui faire présent de son portrait. Dans les entretiens entre Orlof et la Princesse il ne fut question d'aucune démonstration politique. Pour le moment la Princesse ne paraissait songer qu'à plaire à son nouvel ami et à profiter de ses prodigalités.

Était-ce pour fêter un tel mariage ou bien leurs fiançailles? Toujours est-il qu'Orlof voulut offrir à la Princesse le spectacle d'un combat naval. Après un riche dîner au consulat d'Angleterre, elle consentit à se rendre sur le vaisseau amiral, en compagnie de ses deux Polonais et du consul d'Angleterre. Domanski chercha à s'opposer à cette témérité. Mais est-il possible d'empêcher ce que femme veut? La Princesse, accompagnée de ses deux aides de camp, monta dans une chaloupe avec Orlof. L'amiral Greigh, qui commandait une partie de la flotte russe, lui fit sur le vaisseau amiral la réception qu'elle était en droit d'attendre, et elle se réjouit de la fête des yeux qui lui fut offerte. Mais à un moment donné elle ne se trouva plus entourée que de Cristeneck et de ses deux Polonais. Aussitôt, le capitaine Litvinof, suivi de quelques hommes, s'approcha du groupe, et, la séparant de ses partisans, lui annonça qu'elle était prisonnière. A la même heure, à Pise, on saisissait tous ses papiers et effets, et ses domestiques étaient mis en état d'arrestation. Deux de ses serviteurs, un Allemand et une fille dalmate, lui furent seuls laissés pour les soins de sa personne.

Le premier sentiment qu'éprouva la Princesse fut la stupeur. Cependant elle ne poussa aucun cri et ne fit entendre aucune plainte. Elle eut en cette circonstance désespérée quelque chose de l'allure de la souveraine, qui ne se déconcerte pas. La prisonnière fut aussitôt confinée dans une des chambres de l'amiral. Quelques heures après son arrestation, la porte de sa chambre étant ouverte, un officier lui jeta un bijou qu'elle avait donné à Orlof. « Est-ce un adieu? » dit-elle. L'officier ne bougea pas. Mais la prisonnière ayant fait signe qu'elle allait écrire, celui-ci attendit qu'elle lui remît un billet pour Orlof,

Quelques instants plus tard elle recevait mystérieusement une réponse d'Orlof, où, dans les termes les
plus passionnés, il lui déclarait qu'il était lui-même
prisonnier. Fut-elle dupe de cette comédie? Du
moins elle parut satisfaite, et elle montra un visage
impassible et résigné.

Le lendemain l'amiral Greigh mettait à la voile.
Et il s'empressa de traiter la prisonnière « avec des
égards qui sembleraient bien prouver qu'il ne
croyait pas avoir affaire à une aventurière ordinaire ».
Tout d'abord, la prisonnière se replia dans un complet isolement. Mais ayant enfin consenti à monter
sur le pont du navire, elle apprit par hasard qu'Orlof
était resté à Livourne où il continuait à exercer son
commandement. Elle eut alors un accès de désespoir.
Se sentit-elle perdue? Ayant aperçu non loin du
bâtiment une chaloupe portant pavillon britannique,
elle essaya de se jeter à l'eau et de se sauver. Mais elle
était surveillée ; elle fut retenue et le navire continua
sa marche vers la Russie.

Pendant ce temps et par le plus court chemin
Cristeneck s'était rendu à Pétersbourg. C'est avec
une réelle satisfaction qu'Orlof s'était empressé

d'annoncer à sa souveraine le succès de sa mission
l'amiral Greigh, mis au courant sous le sceau du
secret, avait reçu ordre de veiller sur sa prisonnière
et d'empêcher toute évasion. Orlof ajoutait que les
papiers saisis ne permettaient pas d'établir les origines de l'aventurière, mais qu'ils faisaient ressortir
ses relations coupables avec les émigrés polonais.

Comme l'on pense, cet incident avait produit une
grande émotion à Pise et à Livourne. Le bruit se
propagea en Toscane que la prisonnière avait été
assassinée, et les autorités toscanes furent sur le
point de provoquer une enquête. C'est du moins
ce que raconte le voyageur Archanholtz qui venait
d'arriver à Livourne. Il trouva la ville dans une
agitation inaccoutumée. Orlof lui-même, pour éviter
des démonstrations d'hostilité, fut sur le point
d'avancer son départ pour Pétersbourg et de quitter
le commandement de l'escadre. Il n'en fit rien,
cependant, et l'apaisement se fit dans les esprits.
Peu après il recevait de l'Impératrice une lettre, du
22 mai 1775, où il était dit : « Il n'est pas probable
que quelqu'un prenne fait et cause pour une vagabonde aussi décriée. On aura, au contraire, honte

d'avoir eu des rapports avec elle. Les Confédérés polonais en particulier doivent rougir d'avoir provoqué cette comédie ; d'ailleurs, ils n'en étaient pas à leur coup d'essai. » A vrai dire, la Tsarine était bien décidée à ce que la « comédie », dont elle attribuait l'initiative aux émigrés polonais, eût une fin tragique.

Toute à la joie du succès de ce chef-d'œuvre « d'ingéniosité et d'infamie », — et par de si tristes procédés, — l'Impératrice prit intérêt aux détails et aux péripéties de la capture et du voyage de l'aventurière. Elle écrivit au feld-maréchal prince Alexandre Mikhaïlovitch Galitzine une lettre dont nous citerons quelques passages :

« Il est vraisemblable que le contre-amiral Greigh s'arrêtera à Reval ou à Cronstadt même. Il ne serait pas mauvais d'en avertir le Collège de l'amirauté pour les préparatifs nécessaires. Je suppose que Mr Greigh ne tardera pas, attendu qu'il amène sur son vaisseau, sans escorte, cette femme qui, voyageant partout avec ce débauché de Radziwill, a osé prendre le nom de la prétendue fille de feue l'impératrice Élisabeth Pétrovna. Le comte Orlof a réussi à l'arrêter et l'envoie avec deux Polonais de sa suite, une femme de chambre et un valet sur ses vaisseaux, et le contre-amiral a reçu l'ordre de ne la délivrer à personne sans un oukaze. Et telle est ma volonté : Si Greigh arrive à Cronstadt, que vous ordonniez de se saisir de cette femme, et de la faire enfermer dans la forteresse de Pierre et Paul, sous la responsabilité du commandant supérieur qui pourvoiera à son entretien jusqu'à mes instructions ultérieures, et la tiendra à l'écart des Polonais de sa suite. Dans le cas où Greigh s'arrêtera à Reval, donne, s'il te plaît, l'instruction suivante : Il y a à Reval une maison d'arrêt ; chargez le vice-gouverneur d'informer si cette maison d'arrêt se prêterait pour la réclusion de cette dame, et si l'on pourrait y détenir provisoirement les Polonais. On examine maintenant les lettres de ces vagabonds débauchés et nous vous communiquerons le résultat de l'enquête, et qui est le chef de cette comédie : on sait seulement que l'on désignait Pougatchef comme son frère. »

C'est dans la soirée du 24 mai que l'amiral Greigh arriva à Cronstadt. Dès le lendemain le grand chancelier Galitzine, accompagné d'un capitaine des

gardes et d'une compagnie de grenadiers de Préo-
brajenski, alla chercher les prisonniers à bord et les
conduisit à la forteresse de Pierre et Paul. L'interrogatoire auquel il soumit la prisonnière eut lieu le
jour même, et c'est son rapport à l'Impératrice qui
nous apprend les circonstances de cet emprisonnement ainsi que l'attitude de la Prétendante. Le rapport débute ainsi : « La femme connue se trouvant
sur l'escadre du contre-amiral Greigh et les deux
Polonais de sa suite, cinq personnes de service et
une femme de chambre, ont été amenés enfin le 26
de ce mois à la forteresse Pierre et Paul à deux heures
du matin et ont été écroués aux endroits préparés à
leur intention dans le ravelin. Je me suis rendu ce
même jour à la forteresse et j'ai trouvé cette femme
très irritée, ne s'imaginant pas qu'on la détiendrait
en pareil endroit. En m'exprimant sa surprise, elle
m'a demandé pourquoi on agissait aussi cruellement.
Je lui ai expliqué aussitôt le motif de son arrestation
justifiée et l'ai exhortée à dire toute la vérité et à
nommer tous ses complices. J'ai ordonné de faire
les questions en langue française attendu qu'elle ne
sait pas du tout le russe. »

Galitzine informe l'Impératrice qu'il a chargé un médecin d'examiner la prisonnière ; et le médecin ayant déclaré que sa vie est en danger, « attendu qu'elle est non seulement affectée d'une toux sèche, mais qu'elle est sujette à des vomissements avec crachements de sang », il a cru devoir ordonner qu'elle soit placée dans un logement situé près de la maison du commandant. Galitzine termine son rapport en déclarant que l'interrogatoire de Czernowski, de Domanski, ainsi que des cinq domestiques de la prétendue Princesse n'a apporté aucun éclaircissement susceptible de la confondre.

Le rapport que Galitzine envoya à la Tsarine est du 31 mai, et il y joignit les résultats de l'interrogatoire auquel il avait soumis la prisonnière. C'est le 26 mai qu'avait eu lieu cet interrogatoire pour lequel Galitzine s'était fait accompagner de son assesseur Uschakov.

L'interrogatoire débute ainsi :

« Son nom est Élisabeth, âgée de 23 ans ; elle ne sait pas sa nationalité, son lieu de naissance et qui sont ses père et mère. Elle a été élevée dans le Holstein, dans la ville de Kiel, chez Madame Pérette ou

Péran, mais elle ne se souvient pas exactement. Elle a été baptisée dans la religion orthodoxe grecque... Elle a vécu dans le Holstein jusqu'à l'âge de neuf ans, et c'est alors qu'elle a demandé à plusieurs reprises à son institutrice qui étaient ses père et mère. Elle ne reçut pas d'indication, sinon qu'elle les connaitrait bientôt. A cette époque, l'institutrice, avec une femme originaire du Holstein, du nom de Catherine, et avec trois hommes dont elle ignore la nationalité, l'amena en Russie, à travers la Livonie. Elle ne s'arrêta ni à Pétersbourg, ni ailleurs, et atteignit les frontières persanes. Elle fut reléguée dans un village dont elle ignore le nom pendant un an et trois mois, étant tout ce temps malade. Elle suppose qu'un poison avait déterminé sa maladie. Attristée de cette existence, elle se mit à pleurer, à se plaindre et à questionner pour savoir à l'instigation de quelles personnes elle avait été reléguée dans cette maison. Mais tout cela fut inutile. Parfois, seulement, elle entendit, dans des lambeaux de conversation, qu'on l'y détenait par ordre de feu l'empereur Pierre III... Elle réussit enfin à s'échapper avec sa bonne et un paysan, et après quatre jours de marche ils arrivèrent à

Bagdad. Ils y rencontrèrent un riche Persan, du nom de Hamet, chez lequel se rendit sa bonne. Bientôt Hamet vint les voir dans sa maisonnette ; il l'emmena dans sa maison et eut pour elle beaucoup d'égards. Au bout de peu de temps elle apprit qu'un prince persan, Gali, ayant un grand pouvoir et possédant une immense fortune à Ispahan, s'était réfugié dans cette maison. Le prince Gali, mis au courant de la situation, promit de s'occuper d'elle, l'emmena à Ispahan et lui prodigua des soins et des égards comme à une personne de marque. Persuadé, d'ailleurs, de sa haute naissance, il lui dit à maintes reprises qu'elle était fille de la défunte impératrice Élisabeth Pétrovna, ce que lui confirmaient du reste les autres personnes qu'elle voyait. On n'était pas d'accord en ce qui concerne son père. Les uns l'appelaient Razoumovski ; d'autres parlaient d'un autre personnage, sans en indiquer le nom. Le prince Gali se montrait son protecteur au point de déclarer souvent qu'il était prêt à consacrer toute sa fortune en sa faveur et afin de pouvoir confirmer sa haute naissance. Elle vécut à Ispahan jusqu'à l'année 1769. Mais comme les troubles survenus en Perse ne permettaient plus au prince d'y séjourner, il résolut, pour fuir tout danger, de quitter la contrée et de voyager en Europe. Elle consentit à se rendre en Europe, à la condition toutefois de ne pas traverser la Russie, car elle devait éviter ce pays pour ne pas s'exposer à quelque péril... Gali l'assura qu'il l'accompagnerait jusqu'à Astrakan, et que là, l'habillant d'un costume masculin, il lui ferait traverser sans aucun péril toute la Russie. C'est ainsi qu'ils quittèrent Ispahan accompagnés d'une suite assez nombreuse, et arrivèrent à Astrakan en 1769 : Gali sous le nom d'une noble Persan, Krynoff ; quant à elle il l'appelait sa fille. »

Nous ne suivrons pas, dans le rapport de Galitzine, les diverses étapes de ce voyage en Europe. Il nous suffit de savoir que la voyageuse s'arrêta deux jours à Astrakan, une nuit à Pétersbourg, traversa Riga, fit un arrêt de six semaines à Kœnigsberg, et arriva à Berlin où elle séjourna également six semaines. Puis, le prince Gali la conduisit à Londres où il la quitta pour rentrer à Ispahan. « Mais avant de partir il lui laissa des pierres précieuses, de l'or en barre et une grande quantité de numéraire. » Elle vécut pendant cinq mois à Londres où elle put faire les plus grandes largesses ; elle eut enfin l'idée de partir pour la France. Elle arriva à Paris en 1772, « où elle voyait parfois des personnes illustres qui lui dirent qu'à leur connaissance elle était une princesse russe, fille de l'impératrice Élisabeth Pétrovna ; mais elle nie ceci ». Nous savons que c'est le moment où parmi ses fidèles se trouvait le comte Oginski, et il n'est pas défendu de croire qu'il était de ceux qui la renseignaient ou prétendaient la renseigner si bien. Il serait superflu de la suivre dans ses autres résidences d'Europe puisque nous avons relaté ses aventures à partir du moment où elle dut quitter Paris précipitamment.

Bien entendu, c'est par des dénégations qu'elle expliqua à Galitzine les causes et les incidents de ses séjours en Allemagne, à Venise, à Raguse et à Rome. C'est ainsi qu'elle affirma que le prince Radziwill la considéra « comme une personne utile à sa patrie », ce qui signifiait qu'il la jugeait fille de la tsarine Élisabeth Pétrovna. D'ailleurs, ajoutait-elle à Galitzine, « Radziwill le lui avait dit plusieurs fois, mais elle l'avait nié. » De plus, elle déclara que pendant son séjour à Raguse, le 8 juillet 1774, « elle reçut de Venise un paquet et des lettres où on la suppliait de partir pour Constantinople, de se présenter au Sultan sous le nom de princesse Élisabeth, et qu'elle aurait pu alors intervenir pour la conclusion d'une alliance entre la Porte et la Russie. Mais elle préféra, dit-elle, renoncer à son voyage à Constantinople, et elle envoya le paquet des lettres susdites à Alexis Orlof, à Livourne ».

Et le prince Galitzine ajoutait : « En résumé elle prétend n'avoir jamais songé à se faire passer pour la fille de la défunte impératrice Élisabeth et n'avoir jamais eu aucun conseiller pour entretenir cette fausse qualification ; seul le prince Gali lui avait révélé cette origine. Elle affirme s'être défendue de ce titre, soit au prince de Limbourg, soit à Radziwill, et leur avoir répondu : « Considérez-moi comme vous savez, si cela vous plaît, comme fille du sultan turc, du schah de Perse, comme princesse russe ; quant à moi je ne puis rien dire d'authentique. » Et elle déclare que lors de son séjour à Venise, le colonel Knorr l'appelant Altesse, elle le lui défendit. C'est pourquoi, dit-elle, « elle se décida à quitter

EMELIAN POUGATCHEF

D'après une gravure du temps.

POUGATCHEF RENDANT LA JUSTICE

D'après le tableau de Perof.

Venise et pria les autorités de Raguse de ne pas lui conférer le titre princier ».

Galitzine continue le récit des allégations de la prisonnière :

« Se trouvant à Raguse, elle y reçut, avec une lettre sans signature, trois testaments : le premier de l'empereur Pierre le Grand relatif au couronnement de l'impératrice Catherine I, le second de l'impératrice Catherine I sur le couronnement d'Élisabeth Pétrovna, et le troisième de cette dernière sur le couronnement de sa fille qui devrait s'appeler Élisabeth II. Quant au manifeste, elle a répondu que ce n'était pas un manifeste, mais une espèce d'instruction ou oukase par lequel le comte Orlof était chargé de communiquer ce testament d'Élisabeth relatif à sa fille à la flotte. Et elle prétend avoir envoyé ce papier au comte Orlof pour savoir de lui qui avait pu lui expédier ces papiers et si c'était de Russie...

« Néanmoins, ayant entendu parler de sa naissance et songeant aux incidents de son enfance, elle nourrissait parfois l'espoir qu'elle était la personne dont il était fait mention dans les testaments et documents

TARAKANOV.　　　　　　　　7

qu'elle avait reçus. Elle s'imaginait alors qu'il y avait un plan politique pour de tels agissements. »

Et le récit de l'interrogatoire de Galitzine finissait ainsi :

« La prisonnière espère que la clémence de l'Impératrice ne lui fera pas défaut ; elle déclare, en effet, qu'elle a toujours ressenti de l'inclination pour la Russie et qu'en toute circonstance elle s'est efforcée de détourner toutes les mauvaises intentions à l'égard de ce pays, — ce qui, d'ailleurs, lui a valu de cesser d'être d'accord avec Radziwill. — « C'est, dit-elle, pour avoir vaillamment défendu la Russie auprès de Radziwill qu'une séparation en fut la conséquence. »

En résumé, cet interrogatoire n'avait abouti qu'à un imbroglio d'explications contradictoires et confuses.

C'est le 2 juin 1775 que le feld-maréchal prince Galitzine communiqua à l'Impératrice les deux lettres que la prisonnière l'avait supplié de lui transmettre. Il ajoutait que cette lecture l'édifierait « sur le rôle indigne joué par la détenue » ; et il prévenait la Tsarine que la maladie de la prisonnière paraissant en décroissance, il avait ordonné de la replacer « dans le ravelin ».

La lettre de l'aventurière à Catherine II est sug-gestive, — ne serait-ce que par son orthographe. Nous la citerons en entier :

Votre Majesté Impériale,

Je croy qu'il est apropos que je prévienne Votre Majesté Impériale touchant les histoires qu'on a écrit ici dans la forteresse. Elles ne sont pas sufisantes pour éclaircire Votre Majesté touchant les faux soupçons qu'on à sur mon compte. C'est pourquoi que je prends la résolution de suplier Votre Majesté Impériale de m'entendre elle-même, je suis dans le cas de faire et procurer de grands avantages à votre Empire.

Mes démarches le prouvent. Il sufit que je suis en état danulé toutes les histoires qu'on a tramées contre moi, et à mon insue.

J'attend avec impatience les ordres de Votre Majesté Impériale et je me repose sur sa clémence.

J'ai l'honneur d'être avec un profond respect de Votre Majesté Impériale

La très-obéissante et soumise servante,

ÉLISABETH.

Et cette épître, dont l'insignifiance saute aux yeux, était accompagnée de cette autre adressée au prince Galitzine :

Mon Prince,

J'ai l'honneur de vous écrire ce peut de lignes pour vous prier de faire parvenir cette incluse à Sa Majesté si vous le jugé apropos. Je me repose sur votre bon caractère, mon Prince, il ne sagis pas ici de faire de longues réflections su^r toutes ses histoires, je suis prette à faire connaître à toute la terre que toutes mes démarches ont été à l'avantage de votre Patrie, il ne sagis pas ici d'entrer dans des matières politiques, je les expliquerais en temps et lieux, mais le temps est court, je ne crains rien vu que j'ai fait le bien et si on m'avais envoyé quelqun comme je l'ay demandé, tout serais autrement et bien des choses seraient qui ne sont pas.

En attendant que mes désastres finissent, je conjure Votre Altesse de vouloir avoirs quelques égards à ma situation. Vous pensé bien, vous avez mon Prince, le cœur bon et juste je m'en reporte à Votre équité. Pourquoi rendres malheureux des inocents. Croyez-moi, je pense bien, et Dieu est juste quoique je souffre, je suis moralement persuadée que cela ne peut durer, car tout mon cistème est la raison et d'em ployer tout le cour de ma vie à faire le bien, je ne sais ce que c'est que le mal, si je le connaissais je ne me serais pas fiée entre les mains du Générale Orlof et je ne serais pas allée avec lui dans la flotte ou il y avait 12.000 hommes. Non, mon Prince je me suis pas capable de basesse. Milles pardons si je vous ennuie mais quand on est sensible comme l'est Votre Altesse on entre fort facilement dans la peine d'autrui, j'ai une aveugle confiance en vous, consolez-moi mon Prince par l'assurance de votre bienveillence ; je serais toute ma vie avec les sentiments les plus réconnaissents et suis très-par- faitement

mon Prince

de Votre Altesse

sa très-humble et très-dévouée

ÉLISABETH.

La Tsarine jugea que ces lettres signées Élisabeth étaient un défi à son autorité souveraine, et elle s'en montra exaspérée. Elle écrivit aussitôt au prince Galitzine les lignes ci-dessous :

« Prince ! Faites dire à la femme connue que si elle désire alléger son sort, qu'elle cesse la comédie continuée dans les deux lettres à vous adressées et qu'elle a l'audace de signer du nom d'Élisabeth. Ordonnez de lui communiquer, que personne ne doute un instant qu'elle est une aventurière et que vous lui conseillez de modifier son ton et d'avouer franchement qui lui a conseillé de jouer ce rôle, où elle est née et depuis quand elle pratiquait ses filouteries. Voyez-la et dites-lui sérieusement de finir la comédie. *Voilà une fieffée canaille.* L'insolence de sa lettre à moi adressée dépasse tout et je commence à croire qu'elle n'a pas toute sa raison. »

Pendant ce temps l'Impératrice était informée par l'ambassadeur d'Angleterre à Saint-Pétersbourg que l'aventurière était la fille d'un cabaretier de Prague ; et elle en faisait aussitôt prévenir Galitzine. Un autre. jour Catherine écrivait au feld-maréchal que la prisonnière était Polonaise, ce qui expliquait les relations qu'elle avait eues avec Radziwill et les émigrés polonais. Mais ces contradictions prouvaient l'impatience de la Tsarine. Après les aventures de Pougatchef qu'elle avait réussi à réprimer, la Tsarine ne pouvait que se montrer agitée, — sinon inquiète.

Mais les symptômes de la phtisie qui s'étaient manifestés chez la Prétendante tandis qu'elle était à Raguse et à Rome, reparurent plus aigus. Bien qu'elle eût subi avec fierté et avec dédain les rigueurs qui lui avaient été infligées, le moral s'en ressentit et elle en arriva à tomber bientôt gravement malade. La fièvre, la toux et les crachements de sang étaient les caractéristiques de sa maladie. Elle persista, néanmoins, à affirmer son innocence et à répéter qu'elle n'était pour rien dans les bruits calomnieux qui avaient couru sur son compte. On avait tour à tour prétendu qu'elle était une fille du Sultan, une sœur de l'empereur Yvan et qu'elle avait épousé un Cosaque. Elle affirmait à nouveau qu'elle était absolument étrangère à toutes ces allégations.

V

Galitzine apporta à remplir sa mission tout le zèle et l'intelligence dont il était capable. Il procéda à de nouveaux et pressants interrogatoires. Par tous les moyens il s'efforça d'obtenir de la prisonnière des aveux sur ses origines et sur ses intentions. Il n'y parvint pas. Par ses contradictions, la Prétendante chercha plutôt à dérouter l'enquête. Un jour elle s'était vantée de connaître l'arabe et le persan. Galitzine lui demanda de traduire quelques mots en ces deux langues. Les experts déclarèrent que sa traduction ne ressemblait ni à de l'arabe ni à du persan.

Galitzine chercha à tirer parti des relations que Domanski avait entretenues avec elle. Au moment du premier interrogatoire le prince Galitzine avait assuré Domanski de l'indulgence de l'Impératrice si la prisonnière, renonçant à cette attitude de bravade, se résignait à quelques aveux. Domanski demanda à être confronté avec la prisonnière. L'entrevue dura plusieurs heures et en présence de Galitzine. Domanski, à plusieurs reprises, supplia la prisonnière de faire quelques révélations sur ses origines et sur les projets qu'elle avait nourris. Elle jeta un regard méprisant à l'ami qui lui était resté fidèle dans les jours d'infortune, et elle s'écria : « Faites-moi la grâce, monsieur le chancelier, d'être délivrée de la présence de cet homme. » Aucune objurgation ne réussit à fléchir cet orgueil.

Le prince Galitzine ne fut pas plus heureux dans les interrogatoires qui suivirent. Aussi dans un nouveau rapport à l'Impératrice se plaint-il que « l'imposteuse se soit livrée aux pires mensonges », et ne se soit aucunement justifiée sur la fausseté des lettres trouvées chez elle et qui étaient en effet écrites de sa main. « Elle a dit, notamment, que le prince de Limbourg-Styrum était son époux, qu'un certain Keith connaît son origine, et enfin elle a débité force

mensonges comme quelqu'un dénué de toute conscience et sans foi ni loi. Elle dit qu'elle doit être de
religion catholique, l'ayant promis au prince ; mais
la servante qui ne l'a jamais quittée a déclaré que
quoique fréquentant les églises catholiques elle ne
s'est jamais confessée. Cela prouve qu'on ne parvien-
dra pas à la convaincre par l'intervention d'un confesseur ; aussi je n'ai plus mandé de pope ni de pasteur ; d'ailleurs, elle a dit elle-même que cela était
inutile. »

Galitzine poursuit : « Je lui ai ensuite demandé
pourquoi elle n'avait pas déclaré auparavant que le
prince de Limbourg était son époux, et si elle entendait par ce mot le mariage légal ou autre chose. Elle
a répondu que quoiqu'il n'y ait pas eu de pope
comme témoin, le Prince lui avait promis de l'épouser,
et lui avait cédé comme gage de cette promesse le
comté d'Oberstein, alors même qu'elle renoncerait
à cette union... Elle a finalement demandé la per-
mission d'écrire à des amis qui renseigneraient peut-
être sur sa naissance. Je lui ai répondu que cela était
inutile, car elle aurait dû se soucier elle-même de ses
origines. Au surplus, puisqu'il y avait des preuves

irréfutables qu'elle était fille d'un cabaretier de Prague, elle n'avait qu'à en faire l'aveu. Elle m'a répondu qu'elle n'avait jamais été à Prague, et que si elle savait qui prétendait cela, elle lui arracherait les yeux. »

Cependant, le prince Galitzine lui fit espérer que si elle l'éclairait sur ses origines, il tâcherait de la rapprocher du prince de Limbourg. « Elle m'a répondu que malgré l'attrait de la promesse elle ne pouvait rien ajouter à ses précédentes déclarations. Toutes les fables qu'elle débite prouvent qu'elle est fausse, menteuse, méchante et sans conscience. La dernière fois que je l'ai vue, je lui ai dit qu'en sa qualité de criminelle non repentante, elle serait condamnée pour la vie à la réclusion. »

Et Galitzine terminait son rapport : « J'ose assurer Votre Majesté que j'ai usé de tous les moyens pour amener cette menteuse à un aveu sincère ; je l'ai tentée aussi bien par la persuasion que par les rigueurs de la réclusion, telles que diminution de nourriture et de vêtements. Peut-être qu'avec le temps, l'espoir perdu de la liberté l'amènera à quelques aveux dignes de foi. »

Mais son état de santé empirait rapidement. Le régime sévère auquel elle était soumise ne pouvait qu'activer la maladie. Sa force d'âme, semble-t-il, résistait à ces secousses et à ces tortures. Bientôt elle ne put plus se lever et durant l'automne de 1775 les médecins se prononcèrent pour une fin prochaine. C'est à ce moment de souffrances physiques et morales qu'elle eut la volonté et la force d'écrire deux nouvelles lettres, l'une au prince Galitzine et l'autre à l'Impératrice.

Ces lettres sont significatives d'un si singulier état d'âme qu'il nous sera permis de les reproduire :

Votre Majesté Impériale!

Enfin à lagonie, je m'arache des bras de la mort, pour exposer mon déplorable sort aux pieds de Votre Majesté Impériale. Bien loing qu'elle me perdra, ce seras votre sacré Majesté qui feras ceser mes peines. Elle veras mon inocence. J'ai rassemblet le peut de forces qui me reste pour faire des notes que j'ai remis au Prince Galitzine, on me dit que cest Votre Majesté que j'ai eu le malheur d'offenser, vü qu'on croy telle chose je suplie a genoux votre sacré Majesté d'entendre elle-même toutes choses, elle seras vangée de ses ennemis et elle sera mon juge.

Ce nest pas visavis de Votre Majesté Impériale que je me
veux justifier. Je connais mon devoir et sa profonde péné-
tration est trop connue pour que j'aye besoin de lui détailler
les diminutifs.

Mon état fait frémire la nature. Je conjure Votre Majesté
Impériale au nom delle même quelle veuille mentendre et
m'accorder sa grâce, Dieu a pitié de nous. Ce nest pas à
moi seule que Votre sacré Majesté refusera sa clémence :
que Dieu touche son cœur magnanime a mon égard et le
reste de ma vie je la consacrerais a son auguste prospérité
et service. Je suis de Votre Majesté Impériale

La très-humble et obéissante et soumise dévouée servante.

Cette épître ne portait plus la signature d'Élisabeth. D'autre part voici la lettre à Galitzine :

Mon Prince,

J'ai l'honneur de vous envoyer le peut de notes j'ai fait
mon possible pour rassembler toutes mes forces. Je suis si
malade et si chagrinée ici, que Votre Altesse serais touchée
jusqu'aux larmes si elle voyais tout.

Je vous conjure au nom de Dieu mon Prince ayé pitié de
moi. Je n'ay ici que vous pour me défendre, ma confiance

vis a vis de Votre Altesse est san bornes, et il n'y a rien que je ne face au monde pour vous la témoigner. Voici une petite lettre pour S. M. I. Je ne sais si votre Altesse poura lenvoyé, je ne puis pour ainsi dire pas me soutenire, mon état fait horeur.

Je me repose entièrement sur la bonté de Votre Altesse. Dieu vous béniras et tous ceux qui vous sont chers. Si vous saviez comme je suis mon Prince vous n'y pourriez pas tenir vous-même, des hommes jour et nuit dans ma chambres. Ne savoir pas un mot de la langue tout contre moi, privé de tout en un mot je sucombe. Faites-moi l'amitié mon Prince de me permettre d'écrire à mes amis affin que je ne passe pas pour ce que je ne suis pas. J'aime mieux passer ma vie dans un couvent que d'aitre persécutée plus longtemps. En un mot tout m'acable. Je suplie Votre Altesse de macorder sa protection. Ne m'abandonnez pas, digne Prince. J'ai l'honneur d'être avec les sentimens les plus dévoué

mon Prince

de Votre Altesse

la très humble et très-obéissante servante.

(non signé.)

Et voici la note qu'accompagnait cette lettre :

Voici une note des personnes que je me souvient d'avoir vüs étant enfant.

Alage de 6 ans on menvoya à Lion ; nous pasames par le pay que Mr de Poiet avait sous son gouvernement, nous alames à Lion où je fus 5 à 6 mois, on vint me cherché, on me mena de rechef à Kil.

Voici les personnes que j'ai vüs à Kil. Mr Chmid qui me donnait des leçons en matématiques. Mes autres metres sont inutiles à nommés, il ny avait que celui-la qui su les secrets de la maison.

M^r le baron de Stern avec sa femme et sa sœur, Mr Chauman negotien à Danttzig payait pour mon entretien à Kil, voila les personnes à qui il faut s'adressé je ne sais rien de plus sure. On m'a fait mistère de tout et je ne me suis point donné de peine pour savoir ce qui ne métait d'aucune utilité et au sur plus on ne m'a jamais dit qui j'étais, on ma fait mille comptes, qui ne regardent personne, vüs que ce sont des comptes.

Ces lettres de la prisonnière ont-elles l'accent de la sincérité? Elles dénotaient du moins une grande misère. Elles ne sont pas le cri de l'innocence ; mais elles sont le cri de la douleur qui demande grâce.

Il va sans dire que le prince Galitzine n'encouragea pas la prisonnière à écrire aux personnes qu'elle avait pu connaître ; il s'abstint de toute recherche.

C'est par une lettre du 26 octobre 1775 que le prince Galitzine annonce à la Tsarine que l'aventurière est dans un état de grande faiblesse. « Le médecin qui la soigne redoute une issue fatale prochaine. » Et Galitzine prend la précaution d'ajouter : « Malgré les rigueurs de la surveillance, la prisonnière a toujours obtenu une nourriture suffisante ; si donc elle succombe, ce sera de maladie, à la suite de changement d'existence. »

Se sentant à ses derniers moments, l'aventurière Tarakanov demanda un prêtre du culte catholique. Comme elle ignorait le russe, il ne fut pas facile d'en trouver un du rite grec qui parlât l'allemand. L'Impératrice, elle-même, désigna celui de la cathédrale de Kasan, Pierre Andrejew. La prisonnière le reçut avec douceur. Mais quand elle s'aperçut qu'il cherchait des révélations, elle se redressa, s'indigna et réclama la prière des morts. C'était le 2 décembre 1775. Et le surlendemain elle rendait le dernier soupir. Elle mourut sans révéler le moindre fait de nature à jeter quelque lumière sur sa personnalité.

Un rapport du commandant supérieur de Saint-

ELISABETH TARAKANOV
D'après une gravure des Archives du Ministère
des Affaires Etrangères Russe.

La Sœur Dosithée
D'après un portrait du Couvent du Nouveau Sauveur à Moscou.

Pétersbourg au prince Galitzine constata que « la femme détenue depuis le 24 mai à la forteresse de Pierre et Paul avait succombé, après une longue maladie, le 4 décembre 1775, à 7 heures du soir, et avait été profondément enterrée par les gardiens. Le sergent, le caporal et trente soldats de la garde de la forteresse ont prêté serment de fidélité à Sa Majesté et de garder le secret. Les deux Polonais, la femme de chambre, et le valet, ainsi que les quatre autres domestiques sont bien portants ».

Qu'advint-il de Czernowski, de Domanski et des serviteurs qui l'avaient suivie en Russie? Aucun document ne donne une certitude. Des indices laissent supposer que les domestiques furent expulsés de Russie et que Domanski mourut l'année suivante sur les chemins de Sibérie.

Sous menace des peines les plus rigoureuses, il avait été imposé à toutes les personnes qui avaient approché la défunte, l'avaient servie, surveillée, ou tout simplement avaient eu connaissance de son existence, de garder le silence le plus absolu.

« Celle qui s'arrogea le titre et l'origine illustre connus de Sa Majesté, écrivit le prince Galitzine, est expirée le 4 décembre, sans rien avouer et sans dénoncer personne, en scélérate endurcie. »

Ces dires sur les derniers moments et sur le décès de la Prétendante ressortent du rapport du prince Galitzine. Il n'y a pas lieu de croire à leur fausseté. Suivant toute vraisemblance la prisonnière succomba le 4 décembre 1775 et de mort naturelle. Cependant le prince Galitzine avait eu soin de dire à son adjudant : « Si quelque malveillant répand des bruits au sujet de cette affaire close, il y a ordre de dire que le cachot inondé par la Néva engloutit Tarakanov, la vagabonde. » Le soin qu'on mettait à étouffer la vérité peut donc permettre toutes les suppositions.

Il n'en reste pas moins acquis que cette date du 4 décembre 1775 ne saurait être sérieusement contestée. Ainsi s'évanouit la légende de l'aventurière emportée par l'inondation de la Néva en 1777 et pendant laquelle les casemates de Pierre et Paul furent envahies par les eaux. Ainsi s'évanouit également la version d'après laquelle la Prétendante placée par ordre de Catherine II dans le couvent Iwan, à Moscou (ancienne église de Jean le Précurseur), qui servait d'asile aux veuves et aux orphelines titrées, s'y fit religieuse et y vécut 25 ans sous le nom de sœur Dosithée. D'après cette légende, la sœur Dosithée, recluse, ne sortit jamais du couvent, et, servie à part, n'y avait des relations qu'avec la supérieure et avec son confesseur. Au dire de cette version, la Prétendante avait conservé « les traces d'une rare beauté », et ne mourut que le 4 février 1810 à 64 ans. A ses obsèques assistèrent toutes les autorités de Moscou, ainsi que les grands seigneurs qui avaient vécu du temps de Catherine II, et en particulier le comte Goudovitch, gouverneur de Moscou, marié à la comtesse Proscova Kyrillonna Razoumovski, cousine de la défunte. De même, il suffit de relater, sans s'y arrêter, le bruit qui aurait été répandu par les adversaires polonais du roi Stanislas-Auguste Poniatowski, d'après lequel la prisonnière aurait été murée dans le palais de Tsarskoié-Sélo. Les légendes sont nombreuses et contradictoires. Il paraît plus sage de s'en tenir à la version de la mort relatée dans le rapport du prince Galitzine.

VI

Est-il possible de donner des conclusions précises à des aventures d'un tel décousu? Il est prudent de s'en tenir à des hypothèses. Tant de contradictions se coudoient dans les récits se rapportant aux enfants d'Élisabeth Ire, a-t-il été dit, « qu'il est préférable de conclure que la Tsarine n'eut jamais de postérité! » Cette conclusion serait simpliste et commode. D'après le savant Schlözer, tuteur des fils de l'hetman Kyrill Razoumovski, les prétendus princes Tarakanov étaient les Daragan, neveux du comte Aléxei, époux morganatique de l'impératrice Élisabeth.

Il y a lieu de remarquer, cependant, que si la dame d'Azof ne put jamais établir d'une façon authentique ses titres de prétendante, Catherine II ne chercha jamais à les démentir. La Tsarine s'abstint de la moindre recherche auprès des personnes que la Prétendante avait désignées comme pouvant avoir quelque connaissance de ses origines : de ce nombre, Georges Keith, l'ami de Jean-Jacques Rousseau, gouverneur de Neufchâtel, que la Princesse avait rencontré dans son enfance, quand elle avait traversé la Suisse.

L'Impératrice préféra s'emparer de la Princesse, — ce qu'Orlof fit avec éclat, — et elle tint à entourer l'affaire du plus grand mystère. Puisque le silence fut imposé à tous ceux qui avaient approché la prisonnière, la Tsarine n'y avait-elle pas quelque intérêt? Il n'est pas défendu de croire que si la Tarakanov ne se défendit pas mieux, c'est qu'elle n'en avait pas les moyens. Et il est également permis de penser que si l'Impératrice entoura l'affaire de tant de mystère, c'est qu'à ses yeux elle était d'importance.

Il ne serait donc pas impossible que cette femme, dont les origines restent obscures et la vie si extravagante, fut la fille de l'impératrice Élisabeth, dénommée princesse Tarakanov, dont l'histoire n'a pas retrouvé les traces.

Si le comte Waliszewski se croit autorisé de prononcer ce jugement : « L'ensemble des données recueillies permet de penser que la Princesse ne fut qu'une aventurière, » il n'en est pas moins significatif que la Russie de Catherine II ne voulut pas faire la lumière sur cette affaire, et s'efforça même de l'étouffer. « Il est assez remarquable, en effet, dit Challemel-Lacour, qu'on n'essaya jamais ni de détruire l'opinion si répandue de l'existence d'une fille de l'impératrice Élisabeth, ni de prouver que cette fille était morte, ou du moins de découvrir ce qu'elle était devenue. »

D'ailleurs, huit ans après la fin tragique de la Prétendante, le marquis de Vérac, qui était ambassadeur de France en Russie, recevait une réclamation d'un sieur Marine, de Paris, pour restitution d'une dette de 52.000 francs que la princesse de Vlodomir avait contractée pendant son séjour en France. Or, parmi les assidus de la mystérieuse étrangère à Paris, nous avons cité un monsieur de Marine, type de vieux beau qui ne se distinguait pas par l'ancienneté du blason, avons-nous dit ; nous apprenons ainsi que ce de Marine, devenu un créancier récalcitrant, était de ceux dont les écus avaient aidé la Princesse à soutenir son train de vie à Paris. Le marquis de Vérac prit des informations et « arriva à la conviction que c'était bien une fille de l'impératrice Élisabeth et de Razoumovski [1] ».

De même il est assez difficile de se prononcer sur la mort tragique ou naturelle de la Princesse. Le secret fut si bien gardé qu'aucune des gazettes de l'époque ne mentionne sa triste fin.

Cependant les aventures de la Princesse en Allemagne et en Italie avaient fait du bruit, et la détention qui s'en était suivie n'avait pas été tellement ignorée qu'on ne cherchât à savoir ce qu'elle était devenue. Et plus le gouvernement de Catherine II avait voulu envelopper d'un voile épais les circonstances de la vie de l'aventurière et de son emprisonnement, plus il était naturel que l'imagination populaire brodât sur les origines et les destinées de cette femme les fables les plus tragiques.

Le baron de Sacken, ministre de Saxe à Saint-Pétersbourg, n'avait pas été sans apprendre dans le

1. Archives du ministère des Affaires étrangères. Correspondance de Russie.

courant de 1775 l'arrivée à Cronstadt d'une personne
« nommée Princesse russe ». Il avait cherché de plus
amples informations et le 16-27 février 1776 il
écrivait : « L'insensée nommée princesse Élisabeth,
qui a été amenée ici il y a un an par l'amiral Greigh,
et, bientôt après son arrivée, transportée à Schlüsselbourg *(sic)*, y est morte après une maladie de deux
jours. Quoiqu'elle ait succombé à une mort naturelle,
comme je le tiens de bonne source, on ne manquera
pas au dehors de répandre des bruits et des jugements
erronés. Je ne saurais ce qui est advenu aux gens
à son service, ni ce que l'on a fait de ses biens. »

D'autre part, il existe au British Museum un rapport de l'ambassadeur anglais en Russie, daté de
1778, dans lequel l'auteur, se prévalant de quelques
renseignements de l'amiral Greigh et d'un Italien
qui avait été de la domesticité de la Princesse, assure
que la dame mystérieuse succomba de maladie ;
mais l'ambassadeur a soin d'ajouter que la maladie
était une colique, et que tout le monde sait de quel
genre de colique il s'agit.

Une légende fort accréditée fut celle mise en circulation par un criminel politique du nom de Winski,

détenu en même temps que la Princesse dans la forteresse Pierre et Paul : Deux ans après la date officielle de la mort de la Princesse, la Néva subit une forte crue et quelques-unes des cellules de la forteresse furent inondées. Les chambres occupées par la Prétendante étaient à une hauteur qui les mettait à l'abri de toute inondation ; on n'en répandit pas moins le bruit que la prisonnière avait été emportée par les eaux, sans qu'aucun secours assez prompt ait pu la sauver. Winski prétendait tenir la narration d'un gardien de la forteresse, et le récit tragique de cette mort fut lu dans quelques cercles de la société de Saint-Pétersbourg. C'est d'après cette légende que le peintre Flavitzki composa le tableau exposé d'abord à Pétersbourg, puis à Paris en 1867, et qui est reproduit ici. C'est également à cette fable qu'il faut attribuer certains des récits fantaisistes et émouvants que Danilevski a eu soin de dramatiser.

Il est naturel, enfin, que des historiens comme Castéra et Helbig aient accepté cet épisode pour représenter Catherine II sous les couleurs les plus sombres. Certes, il était logique d'admettre que celle qui avait participé à l'étranglement de Pierre III avait pu user d'un même procédé sommaire à l'égard d'une Princesse qui prétendait avoir des droits sur la couronne de Russie!

Il semble, dès lors, que la critique historique ne saurait se prononcer sur la fin de la Princesse. Selon toute vraisemblance, elle succomba de la phtisie dont elle avait ressenti en Italie les premières atteintes et qui fut rapidement aggravée par le climat du Nord comme par les rigueurs de l'emprisonnement. Mais il n'y a là qu'une probabilité.

Quoi qu'il en soit de l'authenticité de la princesse Tarakanov, il n'est pas douteux que dans les aventures de cette femme se trouve une intrigue polonaise. Il sera malaisé de démêler si le complot fut conçu par Oginski, par Radziwill, ou simplement par Domanski de concert avec la principale intéressée. Mais le déroulement des faits permet de constater une conspiration, que la paix de Kainardji voua à un avortement. Dans la circonstance, Catherine II, sacrifiant la Pologne, comme elle le fit toujours, et sans scrupules, ne songea qu'à la sécurité de sa couronne.

Les préoccupations de l'Impératrice étaient, d'ailleurs, assez naturelles. Depuis son avènement de 1762, elle avait eu à lutter contre une foule de difficultés d'ordre intérieur comme d'ordre extérieur. Les affaires de Pologne et la guerre avec la Turquie, malgré leur importance pour l'avenir et l'existence de la Russie, n'avaient pas été seules à l'absorber. Elle avait dû combattre et abattre les insidieuses menées de divers prétendants au trône. Partout la Tsarine avait réussi à briser ces complots, ces obstacles amoncelés sur son chemin, et à calmer les classes paysannes de la nation dont l'insurrection de Pougatchef avait marqué l'explosion. Il n'est donc pas surprenant que, sans prêter plus d'attention qu'il ne le fallait aux menées d'une femme sans défense, elle eut le souci de couper court à ces intrigues.

Pris en 1774, Pougatchef fut exécuté en 1775 à Moscou. Certes tout germe de mécontentement n'avait pas disparu avec le faux Pierre III. Il existait encore en Russie bien des levains de révolte. Néanmoins, en 1775, Catherine II semble en avoir fini avec les dangers les plus graves. C'est à ce moment que le marquis de Juigné, partant pour la Russie comme ministre plénipotentiaire, reçoit des instructions dans lesquelles nous relevons : « L'amour extrême des peuples russes pour le sang de Pierre Ier eût rendu facile une Révolution qui eut eu pour objet de placer le grand-duc de Russie sur le trône. C'est un problème de savoir si le caractère de faiblesse et d'ineptie qu'on a souvent supposé au grand-duc, a dégoûté de le porter sur un trône qu'il eut si mal rempli... »

Tandis que Galitzine procédait aux interrogatoires dont il a été parlé, Catherine II, en cette année 1775, prétendait travailler au bien de son Empire. A vrai dire elle ne prêtait qu'une attention distraite aux lettres et même aux travaux de Falconet qui préparait à Saint-Pétersbourg la grande statue équestre de Pierre le Grand. Mais c'est le moment où Diderot lui envoyait le plan volumineux *d'une Université ou d'une École d'Enseignement public et des arts libéraux*. C'est Diderot qui s'écriait : « Puisse le reste de son règne n'être employé qu'à donner à ses sujets les marques de sa bonté, et à tous les souverains présents et à venir, un exemple dans le grand art de régner.. » Et elle écrivait à Grimm qu'elle s'ingéniait à donner à son peuple des marques de libéralisme social! C'est en l'été de 1775 qu'elle quittait « la très vilaine maison » où elle habitait à Moscou, « parce que les parfums du voisinage y répandent des parfums meilleurs pour les maux hystériques que pour l'agrément » ; et elle s'installait à quelques verstes de l'ancienne capitale, en un délicieux endroit dénommé *boue noire*, *Tchernaïa grass*, qu'elle baptisa *Tsaritsino-Sélo*, et qu'elle déclara être un paradis terrestre ; elle l'avait acheté 25.000 roubles, et en 15 jours de temps elle y avait fait édifier une charmante installation!

La Tsarine s'occupe également avec une activité fébrile de ses règlements d'administration, faisant l'aveu, à la date du 29 novembre, cinq jours avant la mort (officielle) de l'aventurière Tarakanov, qu'elle a horriblement griffonné depuis quelques mois, et que ses règlements du 7 novembre, notamment, contiennent 250 pages in-quarto. Et quelques semaines après, le 26 janvier 1776, elle écrit à Grimm qu'elle travaille au 30e chapitre de ces règlements d'administration, dont 28 sont déjà imprimés, et qu' « on les introduit déjà dans les gouvernements de Tver et de Smolensk où ils sont reçus à bras ouverts ». C'est elle qui se fait valoir de la sorte! Mais c'est par des efforts ou plutôt des essais de ce genre qu'elle cherche à gagner la confiance de la nation et à donner le change à l'Europe sur son libéralisme. Elle occupe et divertit l'opinion par de grands projets extérieurs, de même que par de tièdes réformes d'ordre intérieur. Et par ses correspondances et relations avec les grands esprits du siècle elle crée une atmosphère de libéralisme dont elle bénéficie. Son activité inquiète et ambitieuse commence, en 1775, à porter des fruits et à procurer à son trône des assises de quelque solidité. Le partage de la Pologne ne l'empêche pas de se réclamer de justice sociale!

Certes, ces succès en Pologne et en Orient, de même que ces timides réformes dans l'administration de l'Empire qui, pour l'époque, marquaient, il est vrai, quelque largeur d'esprit, contribuent à faire de son règne un des plus extraordinaires qui aient été.

Les aventures et le dénouement de la prétendante et vagabonde Tarakanov, sur laquelle planeront toujours l'incertitude et la suspicion, ne sont qu'un mystérieux et curieux épisode de ce règne touffu et tourmenté.

ZELMIRE

ET

LE DRAME DU CHATEAU DE LOHDE

Les aventures en Russie de la Princesse de Wurtemberg, née de Brunswick, dite Zelmire

La Russie du XVIIIe siècle est singulièrement riche en drames de mort tragique. Dans la seconde partie du siècle, dont le règne de la grande Catherine occupe trente-cinq années, il suffit de citer la fin lamentable du tsar Pierre III qui valut à sa veuve la couronne impériale, et celles non moins lamentables du prétendant Iwan, et de la princesse Tarakanov. Nous avons dit plus haut ce qu'il fallait penser de cette prétendante qui s'était fait passer pour fille de la tsarine Élisabeth. Nous ne parlons que des morts étranges dont les auteurs et les instigateurs sont restés inconnus. L'impératrice Catherine a été accusée d'avoir participé au meurtre de son époux, et même de l'avoir conçu ; elle a été accusée d'avoir fait disparaître le jeune Iwan et aussi la prétendante Tarakanov. En ce qui concerne l'empereur Pierre III et le prétendant Iwan le doute n'est pas permis. Ce sont là des accusations qu'il n'est plus possible de nier. Comme nous l'avons vu il est plus difficile de se prononcer sur la fin tragique de la princesse Tarakanof. Il est douteux que l'histoire puisse jamais affirmer quelle part exacte prit Catherine à ces drames terribles. Il suffit d'affirmer qu'elle n'y fut pas toujours étrangère.

Convient-il de mettre au rang de ces mystères la mort subite qui, le 2 septembre 1788, emporta la princesse Frédéric de Wurtemberg, née Augusta de Brunswick? Il s'est rencontré des historiens pour voir dans cette fin prématurée la main de la grande Tsarine. Mais ils ont dû se contenter de reproduire un bruit dont ils ignoraient même l'origine ; et ils n'ont jamais pu fournir la moindre preuve de la culpabilité de l'Impératrice, ni même expliquer les motifs qui l'auraient poussée à ce crime ; de plus, leurs contradictions sont telles qu'elles font ressortir le peu de fondement de leurs allégations. Le bilan criminel de la Tsarine est assez chargé pour qu'on s'abstienne d'y ajouter cette rallonge.

Pour réduire à néant ces soupçons, il suffit de retracer le tableau des aventures de la jeune princesse en Russie et de ses relations avec Catherine II ; il n'est pas besoin d'autre argument pour que la culpabilité de la Tsarine tombe sous le ridicule. Les documents authentiques retrouvés, bien que peu complets, nous permettront de rendre palpable son innocence.

Il est certain, en effet, que l'impératrice de Russie prit la princesse de Wurtemberg sous sa protection, et ne cessa jamais de lui prêter l'appui le plus chaud. Il n'est pas possible de douter de la sincérité des sentiments de Catherine II quand on consulte sa correspondance. Nous savons, il est vrai, qu'il serait exagéré d'ajouter une foi absolue à cette correspondance : il est prudent de démêler les voies cachées de la Souveraine, et cela n'est pas toujours facile ; en effet, si Catherine expose parfois ses idées avec une franchise brutale qu'on pourrait prendre pour de la naïveté, parfois aussi elle voile sa pensée vraie derrière une sincérité admirablement jouée. Il importe de faire un choix judicieux. Mais en ce qui concerne la princesse de Wurtemberg, les marques de faveur sont telles qu'il n'y a pas possibilité de mettre en doute la bonne foi de l'Impératrice. Catherine, que l'histoire et la légende couvrent de tant de méfaits, resta, semble-t-il, étrangère à la mort de la princesse de Wurtemberg.

C'est ce que nous voudrions mettre en évidence.

Et d'abord, y eut-il crime? C'est là une première question à examiner. Il serait téméraire, en effet, de certifier que la jeune femme fut emportée de mort violente. Ce qu'il nous sera permis d'affirmer, c'est que s'il y eut crime, l'impératrice de Russie n'y fut pour rien.

Tout d'abord, nous indiquerons succinctement les dires des historiens qui se sont occupés de la princesse de Wurtemberg, et nous nous attacherons à mettre à nu leurs contradictions. Après quoi, nous appuyant sur la correspondance de Catherine, et sur les autres documents mis au jour, nous retracerons les relations de la princesse avec la Tsarine ; au passage nous redresserons, ainsi, certaines erreurs qui ont couru le monde. Et nous pourrons conclure

que Catherine II, loin d'avoir pris une part quelconque à la fin de la princesse Augusta, lui porta
constamment la plus vive affection, prit intérêt à
ses infortunes, et fut sans doute affligée de sa mort,
— bien que ce dernier point soit difficile à prouver.

L'histoire des aventures et la fin mystérieuse de
la princesse de Wurtemberg n'a jamais été écrite
en France. Et Alexandre Brückner est le seul historien étranger qui l'ait racontée avec une science
documentaire raisonnée. Brückner [1], qui possédait
merveilleusement la Russie du dix-septième et du
dix-huitième siècles, et auquel aucun point de l'histoire de ce pays n'a échappé, a écrit sur la princesse
de Wurtemberg une courte et lumineuse étude à
laquelle nous aurons plus d'une fois recours. Il a
reconstitué, on peut dire, l'historique d'un incident
dont la légende s'était emparée. Notre but, comme le
sien, est de rétablir impartialement la vérité sur les
malheurs de cette princesse ; il nous sera ainsi permis,
documents en mains, de détruire l'absurde légende

1. Alexandre Brückner, qui est mort en novembre 1896, a écrit sur
Pierre le Grand, sur Catherine II, sur Panine, sur Potemkine, sur les
Razoumovski, etc., des ouvrages qui font autorité.

qui a fait peser sur Catherine II la responsabilité d'un crime.

I

Le prince Frédéric était le fils aîné du duc de Wurtemberg. C'est lui qui, après avoir succédé à son père, en 1796, sous le nom de Frédéric II, fut proclamé roi de Wurtemberg en 1806, et devint l'allié de Napoléon Ier. Né en 1754, il avait vingt-huit ans quand il arriva en Russie. Il était frère de la grande-duchesse Paul. On sait que le grand-duc héritier Paul avait épousé en premières noces une princesse de Hesse-Darmstadt ; devenu veuf sans enfant, il s'unit, peu de temps après la mort de sa première femme, à une princesse de Wurtemberg, dont il avait été question lors de son premier mariage, et qui avait été écartée en raison de son jeune âge. La grande-duchesse Paul, sous le nom de Marie-Féodorovna, a laissé une réputation intacte d'épouse et de mère[1]. Elle eut, cependant, beaucoup à souffrir des bizarreries de caractère et des habitudes soldatesques de son mari ; impératrice-mère, elle resta, néanmoins, souveraine dans sa famille. C'est elle qui entrava et contribua à empêcher le mariage d'une de ses filles, la grande-duchesse Anne Pavlovna, avec Napoléon Ier [2].

C'est en 1780 que le prince Frédéric de Wurtemberg s'était fiancé à la princesse Augusta, fille du général-duc de Brunswick, plus connu par son célèbre manifeste et par ses défaites que par ses victoires. Le mariage eut lieu bientôt après, et les jeunes époux arrivèrent à Saint-Pétersbourg dans l'automne de 1782.

Quel motif les fit aller en Russie ?

La correspondance que la Tsarine entretint avec ses « chers enfants », le grand-duc et la grande-

1. Caulaincourt, dans un de ses rapports au comte de Champagny, disait qu'à cinquante ans elle était encore « un moule à enfants ».

2. Les négociations du mariage de Napoléon avec la grande-duchesse Anne ont été admirablement mises au jour par Albert Vandal, dans son remarquable ouvrage : *Napoléon et Alexandre Ier*, tome II. Henri Welschinger, dans son livre bien documenté, *le Divorce de Napoléon*, a aussi relaté quelques traits de ces négociations, bien qu'il se soit plus particulièrement attaché à mettre en lumière celles qui eurent lieu entre la France et l'Autriche et aboutirent au mariage de Marie-Louise.

duchesse Paul, pendant le fameux voyage qu'ils effectuèrent en Europe en 1781 et 1782 sous le nom de comte et de comtesse du Nord, nous éclaire à cet égard.

Le prince de Wurtemberg désirait faire son chemin dans la carrière militaire. L'Empereur lui avait conféré, en 1781, le grade de lieutenant-colonel. Mais ce titre était modeste pour les ambitions de la famille régnante de Wurtemberg qui avait de nombreux enfants à caser et dont les ressources étaient fort restreintes. La grande-duchesse intercéda, en faveur de son frère, auprès de la Tsarine ; celle-ci offrit presque aussitôt le gouvernement général de la Finlande. Dans une lettre du 26 décembre 1781, Catherine en informe sa belle-fille et l'engage à en parler à ses parents ; si ceux-ci lui confient leur fils, elle le verra, dit-elle, « arriver avec plaisir et sans délai. » Catherine avait dit : « Je pense que papa et maman n'y mettront pas d'obstacle. » Le duc et la duchesse de Wurtemberg n'eurent garde de refuser pareille aubaine ; ils envoyèrent leur consentement et le 6 avril 1782 la Tsarine fit expédier l'acte de nomination du prince Frédéric de Wurtemberg au poste de gouverneur général de la Finlande.

Le prince Frédéric ne mit pas, cependant, un grand empressement à se rendre en Russie. Grâce à l'intervention de sa sœur, la Tsarine, en mai 1782, l'autorisa à rester à Montbéliard afin d'assister à une réunion de famille où devaient être réglés ses intérêts ; le grand-duc et la grande-duchesse Paul, qui se trouvaient à Paris à ce moment-là, arrivèrent bientôt à Montbéliard et prirent part à cette réunion de famille. De plus, Catherine II, qui avait eu à cœur de procurer au prince de Wurtemberg « un établissement sûr et certain », l'autorisa, en août, à attendre les couches de sa femme avant de rejoindre son poste de Viborg. Le nouveau gouverneur général de Finlande, néanmoins, n'attendit pas cet événement pour se rendre en Russie ; il arriva à Pétersbourg le 30 septembre 1782 ; il fut reçu le lendemain par l'Impératrice, à laquelle il remit les lettres que lui avaient confiées le grand-duc et la grande-duchesse. Il dîna avec elle, et elle le trouva « considérablement amaigri et changé ». Catherine l'écrit à sa belle-fille, et elle ajoute : « Il m'a paru que ce changement était tourné plutôt à son avantage. » Nous savons que précédemment elle l'avait trouvé « une masse très épaisse, et puis c'est tout [1] ».

La princesse de Wurtemberg suivit son mari de bien près à Pétersbourg. En effet, le 7 octobre, elle dansa à l'Ermitage, malgré la fatigue du voyage et son état de grossesse avancée. N'est-il pas singulier de voir les deux jeunes mariés effectuer séparément un aussi long voyage et arriver à Pétersbourg à cinq ou six jours d'intervalle? De nos jours ce fait n'aurait rien d'anormal, en raison de la facilité et de la rapidité des voyages ; mais au dix-huitième siècle il n'en était pas de même, les voyages s'effectuant dans un appareil d'équipages et avec une lenteur dont nous avons perdu la notion. Si nous faisons remarquer cette étrange arrivée en Russie, c'est que nous en avons l'explication : le prince et la princesse de Wurtemberg étaient déjà au plus mal ensemble. Nous le savons de la façon la plus formelle par Catherine elle-même ; dès le mois d'avril [2] elle a écrit à Grimm que le prince de Wurtemberg « a eu de gros déboires et a déjà songé vingt fois à se démarier ».

1. Lettre de Catherine II à Grimm du 7 juillet 1782.
2. Lettre du 2 avril 1782.

Le climat de la Russie ne fut pas favorable aux jeunes époux, et cela dès les premiers jours de leur arrivée. La princesse Augusta fut saignée le 8 novembre, « à cause de sa grossesse » ; et cinq jours après elle accoucha d'une fille. Le prince de Wurtemberg fit « la moue » à sa fille ; cette « moue » exaspéra la Tsarine, et lui fit dire : « Au bout du compte, c'est sa faute! » Le prince partit aussitôt, — le 16 novembre, — pour Narva, afin de s'y rencontrer avec sa sœur et le grand-duc Paul qui avaient terminé leur grand tour d'Europe. La naissance de cet enfant, au lieu de rapprocher les époux, eut donc pour effet d'accentuer la brouille.

C'est par l'Impératrice elle-même que nous apprenons ce détail. Ce que nous savions de longue date, et qui est confirmé par les documents nouveaux, c'est le scandale qui mit fin à la vie commune entre le prince et la princesse de Wurtemberg.

L'atmosphère déprimante de la Cour de Russie contribua-t-elle à aggraver la désunion dans le jeune ménage? Toujours est-il que, pendant les quelques années de son séjour en Russie, la princesse Augusta eut à subir à peu près constamment de la part de son mari des coups et des injures. Et la discorde arriva à un tel degré, qu'un soir de décembre 1786, après des brouilles et des accommodements successifs, la princesse se jeta aux pieds de l'Impératrice, lui demandant aide et protection. Catherine ordonna aussitôt de préparer des appartements pour la jeune femme, et intima au prince de Wurtemberg l'ordre de retourner en Allemagne ; peu de temps après elle l'obligea à résigner ses fonctions de gouverneur général de la Finlande.

A partir de ce moment la Tsarine se fit la protectrice de celle que dans sa correspondance avec Grimm elle se plaît à désigner, on ne sait pourquoi, sous le nom de Zelmire. Catherine mit à sa disposition le château de Lohde, en Esthonie, et lui fixa comme résidence d'hiver la ville de Reval. C'est au château de Lohde que Zelmire, qui s'était refusée à rejoindre son mari en Allemagne, vécut les années 1787 et 1788. Et c'est au château de Lohde qu'elle mourut subitement pendant l'automne de 1788.

Ainsi finit une jeune et jolie princesse que son mari avait rouée de coups, pour la punir, disait-il, de sa coquetterie et de ses déportements.

II

Avant de fixer à l'aide de textes et de documents
sûrs les relations de Catherine II et de Zelmire, il
importe — maintenant que nous avons fait connaissance avec le prince et la princesse de Wurtemberg —
de résumer ce que les historiens ont dit sur le drame
du château de Lohde.

Il est à noter, en effet, qu'à part Brückner, dont
l'étude remonte à 1890, aucun écrivain n'a parlé
des relations de la princesse Augusta avec la Tsarine,
ni de sa vie en Russie. Tous ont été attirés et absorbés
par le mystère de sa mort ; tous se sont bornés à en
expliquer ou plutôt à en imaginer les causes.

Comme on pense, dès le lendemain de la mort
de la princesse, les bruits les plus contradictoires

comme les plus fantaisistes se répandirent sur cette fin subite. Ce sont ces bruits — de simples indices — que les historiens ont rapportés.

La princesse, sans être enfermée dans son domaine de Lohde, — il lui était loisible d'en sortir à sa guise, — ne pouvait pas recevoir les émissaires d'Allemagne, soit qu'ils vinssent du prince de Wurtemberg, son mari, soit qu'ils vinssent du duc de Brunswick, son père, lequel avait pris fait et cause pour son gendre. Le général Pohlmann, que Catherine avait placé auprès de la princesse pour y remplir les fonctions d'intendant, avait ordre de congédier tous les étrangers suspects. Il est donc à croire que si la princesse de Wurtemberg ne subissait pas une sorte de demi-réclusion, elle était du moins placée sous la surveillance de ce Pohlmann. Ces conditions d'existence étaient bien faites pour exciter la curiosité publique et pour grossir les bruits qu'une mort mystérieuse avait fait naître. La jeune princesse fut généralement représentée par l'opinion publique comme la victime d'intrigues de cour ; et Catherine II fut naturellement accusée d'avoir voulu se débarrasser d'une femme devenue gênante. Il va sans dire que ces bruits restèrent d'abord fort discrets ; ce ne fut qu'après la mort de la Souveraine qu'ils gagnèrent en consistance. La légende s'établit, dès lors, que le château de Lohde avait été le théâtre d'un drame épouvantable dont l'impératrice Catherine avait été l'inspiratrice ; et l'imagination populaire broda toute sorte de circonstances et de détails que rien ne justifie.

Les récits des historiens ont été plus ou moins inspirés par cette légende.

Les écrivains qui, avant Brückner, se sont occupés du drame du château de Lohde, sont : Pétri, Wraxhall, Vehse, le baron de Budberg, et le comte de Ségur.

Dans son *Tableau de l'Esthlande et de la Livonie sous Catherine II*[1], Pétri se borne à mentionner le château de Lohde, à faire remarquer qu'une princesse allemande y vécut quelques années en exilée, et y mourut subitement et si mystérieusement qu'il n'est pas possible d'en déterminer les causes. Pétri ne se compromet pas ; il a la prudence de se défier des bruits qui ont couru le monde ; il préfère ne rien affirmer.

1. L'ouvrage parut à Leipzig en 1809.

Mais l'Anglais Wraxhall n'agit pas avec la même conscience. Les affirmations de cet écrivain plus imaginatif que documenté sont sujettes à caution ; à propos de la « dame » de Lohde, Wraxhall, dans ses *Historical memoirs of my own times* [1], se livre à une vraie débauche d'imagination... et d'insinuations malveillantes.

Il est à noter que c'est la plupart du temps l'impératrice Catherine qui reçoit ses coups. Il la noircit d'une foule de crimes. Il ne l'accuse pas seulement d'avoir fait périr l'aventurière Tarakanov ; il prétend aussi qu'elle ne fut pas étrangère au décès de la première femme du grand-duc Paul, qui, nous le savons, mourut en couches, par suite d'un vice de conformation : « Elle était barrée », nous dit Catherine dans son langage pittoresque et imagé. Wraxhall ajoute que la princesse Augusta doit être également comptée parmi les victimes de la Tsarine. Si, dit-il, le prince de Wurtemberg abandonna sa femme en 1787, c'est parce qu'il avait lieu de se plaindre de sa conduite ; et Wraxhall n'omet pas de mention-

---

1. L'ouvrage parut à Londres en quatre volumes in-8°.

ner que c'est lui qui emmena les enfants issus du mariage. Ce dernier argument péche un peu par la base. En effet, si le prince de Wurtemberg, qui reprochait à sa femme une coquetterie excessive, prit avec lui les enfants issus du mariage, c'est sans doute qu'il avait la certitude d'être leur père ; aurait-il eu cette assurance si la conduite de sa femme avait tellement laissé à désirer ?

Wraxhall ajoute que lorsque le prince Frédéric et le duc de Brunswick apprirent la mort subite de la jeune femme, ce dernier réclama le corps de sa fille, mais ne l'obtint pas, et ne réussit pas davantage à être édifié sur les circonstances de cette fin imprévue. Suivant Wraxhall qui recueillit les divers bruits en circulation sur la mort de la princesse, l'avis général était que celle-ci avait été empoisonnée. « Je m'enquis, dit-il, si l'Impératrice ou le prince de Wurtemberg avaient contribué à ce crime. »

Et aussitôt Wraxhall affirme, sans le prouver, qu'il y avait eu crime ; restait à savoir quel était le criminel. A cet égard Wraxhall limite son choix, on ne sait pas pourquoi, entre l'Impératrice et le prince de Wurtemberg ; et même entre les deux il n'hésite pas à se prononcer. Le roi d'Angleterre, dit-il, croyait si bien à la culpabilité du prince de Wurtemberg que lorsque celui-ci lui demanda la main de sa fille, il rompit toute négociation. Le prince Frédéric dut envoyer à Londres un agent spécial avec mission de dissiper un pareil soupçon. Cet émissaire, « très zélé et très intelligent », au dire de Wraxhall, chercha à établir que la culpabilité de son maître avait été répandue par le comte Semen Woronzof, ambassadeur de Russie à Londres. Et Wraxhall continue ainsi : « L'agent contraignit l'ambassadeur à déclarer que le prince de Wurtemberg était innocent de ce crime. D'où il résulte que seule l'impératrice Catherine était coupable de la mort de la princesse. » Qui se serait attendu à cette conclusion? Et Wraxhall ajoute que le roi d'Angleterre parut convaincu. Il faut croire, en effet, que le roi Georges fut convaincu de l'innocence du prince de Wurtemberg, puisqu'il lui accorda la main de sa fille. Mais est-ce à dire que l'innocence du prince entraînait la culpabilité de la Tsarine? Il n'y a que Wraxhall pour ne pas voir le néant d'un pareil raisonnement! Notons en passant que le second mariage du prince de Wurtemberg étant de 1797, celui-ci était resté neuf ans sans protester contre l'accusation dont il était l'objet.

Mais Wraxhall, qui est friand d'anecdotes plus sensationnelles qu'authentiques, ne s'en tient pas à ces affirmations. Il ne tarit pas de renseignements sur la princesse Augusta et sur son séjour en Russie : par exemple, que le prince de Wurtemberg, ayant dû faire plusieurs absences, laissa sa femme à la Cour de Russie, où elle ne pouvait être qu'exposée à bien des tentations, et qu'elle y succomba ; et encore que le prince de Wurtemberg fit connaître au duc de Brunswick les déportements de sa fille, et lui demanda conseil : « Ils tombèrent d'accord, dit Wraxhall, sur ce point qu'il était nécessaire, avant tout, d'éloigner de la Russie la jeune princesse. Le prince obtint son congé, et l'Impératrice l'autorisa à prendre ses enfants avec lui ; mais il dut laisser sa femme en Russie. Deux semaines après ce départ, la princesse fut internée dans le château de Lohde, à deux cents milles de la capitale, sans que l'on sût en quelle région de l'Empire se trouvait ce domaine. La princesse resta là, sous une surveillance constante, dix-huit mois environ. Toutes les personnes allemandes de son entourage furent congédiées. Lors de la catastrophe, l'Impératrice se borna à faire savoir au prince que sa femme avait succombé à une hémor‑ rhagie. Le duc de Brunswick reçut la même commu‑ nication. » Et Wraxhall conclut que le public crut à un empoisonnement. C'est là affirmer un fait, mais sans en fournir de preuve et sans l'expliquer. Il ajoute : « Catherine mourut le 6 novembre 1796. Après sa mort, lorsque tant de crimes lui furent reprochés, on n'ajouta pas d'importance à un de plus ou de moins. » En ce qui concerne le drame du château de Lohde voilà qui est porter leste‑ ment les plus graves accusations !.

Comme on voit, les insinuations de Wraxhall ne reposent sur aucun fondement sérieux. A l'entendre, il semblerait que ce fut le prince de Wurtemberg qui voulut se séparer de sa femme et quitter la Rus‑ sie ; nous savons, au contraire, par des textes indis‑ cutables, que ce fut la princesse qui demanda aide et protection à la Tsarine, et que celle‑ci obligea le prince à s'éloigner. Pour ce qui est d'accuser l'impératrice de Russie d'un crime parce que le

prince de Wurtemberg n'en est pas coupable, il y a
là un raisonnement auquel il suffit de ne pas s'arrêter!

Il est bon de savoir, du reste, que le comte Woronzof, qui occupa l'ambassade de Londres de 1785
à 1806, et fut un des plus éminents diplomates de la
Russie, contraignit Wraxhall à retrancher dans une
seconde édition de son livre, devenu aujourd'hui
une rareté bibliographique, les insinuations si
imprudemment portées contre la Tsarine. L'ambassadeur traduisit Wraxhall devant le tribunal de la
Cité qui le condamna à une détention de six mois.
Et dans une des nombreuses lettres du comte Semen
Woronzof à son fils, — lettres publiées récemment
dans les archives de Woronzof, — nous retrouvons
l'écho des insidieuses accusations de Wraxhall. Le
comte Woronzof s'indigne d'accusations aussi légères,
et de la difficulté qu'il y a à détruire dans l'opinion
publique une légende colportée dans un ouvrage
sans valeur. S'il est donc excessif d'affirmer que
Wraxhall fut convaincu de mensonge, il est permis
d'affirmer qu'il fut du moins convaincu d'erreur.

Mais il n'y a pas que Wraxhall qui ait raconté à sa

manière le drame du château de Lohde. Dans une brochure publiée à Leipzig, le baron de Budberg en a donné une version toute différente.

D'après Budberg, le général Pohlmann, à qui Catherine II avait confié la garde de la princesse, serait devenu son amant. Pour cacher sa liaison, Pohlmann n'aurait fait venir aucun médecin, et la jeune femme aurait succombé dans des couches difficiles. Et afin de donner quelque consistance à son explication, Budberg entre dans une foule de détails. Ainsi, il prétend que la domesticité ayant entendu les cris de la princesse, un médecin essaya de pénétrer dans le château ; mais il fut éconduit par l'inflexible intendant. D'autre part, le pasteur Dahl qui réclama l'ouverture du cercueil ne fut pas plus heureux. Pohlmann rejeta sa demande. Quant à l'enfant né des œuvres de Pohlmann, il aurait été enseveli avec sa mère.

Tel est le récit succinct du baron de Budberg. Il serait facile de répondre que lorsque le fils de la défunte, le roi Guillaume de Wurtemberg, eut en 1819 une entrevue avec le tsar Alexandre Ier, il obtint qu'on ouvrît le tombeau de l'église de Goldenbeck, voisine du château de Lohde, où avait été ensevelie sa mère, et qu'aucun cadavre d'enfant ne fut trouvé dans le cercueil.

Est-il besoin de faire remarquer que dans la version du baron de Budberg, il n'est pas même question de la culpabilité de l'Impératrice? Il n'est pas le seul écrivain, d'ailleurs, qui ne fasse porter sur la Tsarine aucun soupçon.

Un touriste qui visita le château de Lohde vers 1846 a consigné dans des lettres la mort mystérieuse de la princesse de Wurtemberg. D'après lui, la princesse aurait été internée à Lohde par ordre de l'Impératrice, soit parce qu'elle avait connaissance d'un secret d'État de grande importance, soit parce que le grand-duc Paul en était amoureux. Ce voyageur, renseigné sans doute par les habitants du pays, ajoute que les charmes et la beauté de la princesse avaient produit un tel effet sur le général Pohlmann, qu'il s'en était épris. D'après lui, comme d'après Budberg, la jeune femme aurait succombé en mettant un enfant au monde. Et l'auteur de ces lettres note qu'un prince d'Oldenbourg, parent de la princesse, autorisé plus tard à faire ouvrir le cercueil, y aurait trouvé le cadavre d'un enfant à côté de celui de sa mère.

Voilà déjà bien des contradictions. Ce n'est pas tout.

Dans son *Histoire des cours allemandes*, Vehse, dont la documentation laisse généralement à désirer, se livre, comme Wraxhall, à une vraie débauche d'imagination. Selon lui, c'est à la suite de ses nombreuses galanteries que la princesse de Wurtemberg fut maltraitée par son mari. Elle demanda la protection de l'Impératrice ; celle-ci consentit à la lui accorder, mais exigea en même temps l'éloignement du prince Frédéric.

Nous savons déjà qu'il y a là une part de vérité. Mais où le récit de Vehse doit être accepté avec une extrême réserve, c'est quand il ajoute qu'un jour la princesse ayant parlé avec une telle arrogance à sa bienfaitrice, celle-ci l'exila aussitôt au château de Lohde où elle mourut dix-huit mois après, de façon assez énigmatique. Vehse ajoute que le courroux de la Tsarine provenait de ce que la princesse était devenue sa rivale dans une aventure galante. L'exil de la princesse, insinue-t-il, n'eut pas au fond d'autre motif que la jalousie. La princesse, continue

Vehse, exilée au château de Lohde, fut placée sous la surveillance d'un baron de Rosen ; elle y succomba dans une crise de crampes précédant des couches prochaines. Quand, plus tard, il fut procédé à l'ouverture du cercueil, on put remarquer que le cadavre était tout contracté.

Cette version a des points de contact avec les précédentes, — car peu importe que l'amant s'appelle Pohlmann ou Rosen ; — mais on remarquera qu'elle ne fait peser sur l'Impératrice aucune charge criminelle.

Il importe d'ajouter que cette question de rivalité amoureuse entre Catherine et la princesse Augusta a été reprise par d'autres historiens. Ainsi, dans sa biographie du comte Sievers, Le Blum raconte que la princesse de Wurtemberg ayant eu le malheur de plaire à un favori de la Tsarine, celle-ci s'en débarrassa aussitôt en l'exilant dans une province éloignée.

Enfin, dans sa *Vie du prince de Tauride*, Saint-Jean, secrétaire du maréchal Potemkine, prétend que la rupture entre le prince et la princesse de Wurtemberg provint de ce que Potemkine avait employé la jeune femme comme espion de son mari. Il ajoute, lui aussi, que la princesse fut bannie, qu'elle devint enceinte du fait d'un certain Pohlmann, et qu'elle succomba au moment de ses couches.

Voilà bien des explications de la catastrophe du château de Lohde! Toutes se ressemblent par certains côtés et se différencient par beaucoup d'autres. Malgré la diversité des détails, les causes de la catastrophe peuvent être ramenées à quatre versions. Et d'abord l'hypothèse d'une mort naturelle. Dans le cas contraire, la fin de la princesse Augusta peut être attribuée soit au prince de Wurtemberg, soit à l'impératrice Catherine, soit à l'intendant Pohlmann. S'il y eut mort violente, l'instigateur du drame ne saurait être que l'un des trois susnommés.

Dans une enquête de ce genre, et aussi minutieuse, il serait imprudent de s'en rapporter uniquement aux souvenirs restés dans le pays ; il n'est pas inutile, cependant, de les consulter, comme l'a sagement fait l'historien Brückner. Il y a quelques années, le souvenir de la « dame » du château de Lohde n'était pas encore entièrement effacé en Esthonie. On y croyait généralement que Catherine II, indignée de ce que la princesse avait osé se montrer dans un costume absolument identique au sien, avait donné l'ordre à Pohlmann de la débarrasser d'une femme aussi gênante, et à cet effet avait expédié à Lohde le cercueil destiné à recevoir son cadavre. Et Pohlmann aurait tué avec une arme à feu celle qu'il avait été chargé de surveiller.

Suivant une autre explication, moins répandue, mais également recueillie dans le pays, la princesse aurait été enterrée vivante, et lorsque le comte de Buxhöwden, qui reçut en don le château de Lohde, s'y installa, il aperçut une tache de sang dans un salon.

Ainsi s'est perpétuée la légende d'un crime.

Est-il besoin d'ajouter que la diversité de ces versions rend éclatante leur invraisemblance? Il est un seul point sur lequel les historiens et les touristes enquêteurs semblent se prononcer à la presque unanimité : c'est qu'il y eut mort violente.

Dans ce cas, quel fut l'auteur de la catastrophe? Les opinions que nous venons de résumer ne permettent pas de l'établir. On ne voit pas, en effet, quel intérêt Catherine, et même le prince de Wur-

temberg, auraient eu à se débarrasser de la princesse.
Faut-il croire, plutôt, que Pohlmann la fit disparaître afin que sa liaison ne fût pas découverte ?
Cette supposition est moins invraisemblable ; mais
il serait imprudent de vouloir l'imposer.

. Il est un autre historien que nous avons négligé
de citer. C'est le comte de Ségur, ambassadeur de
France à Pétersbourg en 1786 et 1787. Il avait ses
grandes et ses petites entrées auprès de la Souveraine ; il était donc bien placé pour connaître tout
ce qui se rapportait à la princesse de Wurtemberg.
Dans ses *Mémoires*, auxquels on peut prêter confiance,
Ségur se borne à relater les faits que nous savons sur
la rupture de la princesse et de son mari. Un soir,
à l'Ermitage, après le spectacle, raconte Ségur, au
lieu de suivre la grande-duchesse, sa belle-sœur,
la princesse de Wurtemberg se jeta aux pieds de
l'Impératrice, « et implora sa protection contre son
mari, qui lui faisait subir, disait-elle, les traitements
les plus durs. » L'Impératrice était sur le point d'entreprendre son grand voyage de Tauride ; la princesse lui déclara qu'elle ne pouvait plus supporter
les outrages et la tyrannie d'un mari qui, sans doute,

redoublerait de violence durant l'absence de la Souveraine. « Il fallait, ajoute Ségur, que les plaintes de la princesse eussent été accompagnées de circonstances et de détails bien graves ; car le même soir, après cet entretien, Catherine écrivit une lettre sévère au prince de Wurtemberg, en lui ordonnant de quitter son service, de s'éloigner de ses États et de partir pour l'Allemagne. La princesse resta à l'Ermitage, où Sa Majesté lui fit préparer un appartement. Le grand-duc et la grande-duchesse se montrèrent profondément affligés de la méfiance injuste que leur avait montrée, dans une circonstance si importante, la duchesse de Wurtemberg. »

Deux points, d'après le récit de Ségur, sont donc hors de doute : 1° la princesse de Wurtemberg se jeta aux pieds de l'Impératrice et implora sa protection ; 2° Catherine ordonna au prince de Wurtemberg de quitter la Russie et de regagner l'Allemagne.

Celui des deux époux qui eut donc à subir les rigueurs de la Tsarine fut sûrement le prince de Wurtemberg. On conviendra que s'il s'était agi d'une liaison quelconque de la princesse de Wurtemberg avec un favori de l'Impératrice, ou même avec le grand-duc Paul, — ainsi que le rapportent certaines versions que nous venons de citer, — Catherine II n'eût pas traité la jeune femme avec ces prévenances, et n'eût pas elle-même quitté Saint-Pétersbourg avec cette rapidité. De plus, le comte de Ségur en aurait été informé, et, à supposer qu'il l'eût été incomplètement, il n'aurait pas relaté l'incident ainsi qu'il le fait.

Le comte de Ségur se trouvait encore en Russie en 1788 ; il se tait sur la mort de la princesse. Il ne nous est donc d'aucun secours pour démêler les suppositions émises sur la catastrophe de Lohde.

Mais après avoir relevé — avec leurs contradictions et leurs invraisemblances — les récits des historiens, il importe d'apporter à cet épisode l'appui des documents nouveaux dont nous pouvons disposer aujourd'hui ; il sera particulièrement utile de retracer les relations de Catherine II avec Zelmire en remontant au moment de son arrivée en Russie. Et sur ce point les textes que nous possédons sont d'une authenticité qui ne fait pas doute. L'exposé de ces relations nous permettra-t-il d'affirmer que

le château de Lohde fut le théâtre d'un drame sanglant, et de découvrir l'instigateur de la mort de la
princesse? D'après les écrivains déjà cités, en effet,
l'hypothèse d'une mort violente serait la plus vraisemblable. Nous croyons plutôt, au contraire, que
la princesse Augusta mourut de mort naturelle,
et que le château de Lohde ne fut le théâtre d'aucun
drame sanglant. Le tableau des relations de Catherine avec cette infortunée princesse fera ressortir,
du moins, que, s'il y eut crime, toute participation
de la Tsarine est fantaisiste.

Nos conclusions étant opposées à la plupart de
celles qui ont eu cours jusqu'à ce jour, il est de quelque intérêt de faire revivre cet incident, et de le
soumettre à une enquête aussi approfondie qu'im-
partiale.

III

Ce n'est pas seulement du jour où la princesse de
Wurtemberg arriva en Russie que l'Impératrice
lui appliqua le surnom de Zelmire. Dès 1779 elle a
parlé à Grimm de la fille aînée du duc de Brunswick et elle l'a désignée sous ce nom-là. A cette
époque il a été question de son mariage avec un cousin de la Tsarine, que celle-ci appelle *Télémaque*,
et qui n'est autre que le prince Pierre-Louis d'Oldenbourg [1] ; sous la plume de Catherine, la princesse
Augusta prend déjà le nom de Zelmire. La Souveraine regrette l'échec de ces négociations matri-
moniales : « C'est dommage, dit-elle, car le portrait

1. Le prince Pierre-Louis d'Oldenbourg, né en 1755, était fils du prince
de Holstein, cousin de Catherine II.

est ravissant. » La correspondance de Grimm avec
l'Impératrice, qui n'a pas été entièrement retrouvée,
ne contient pas ce « portrait » de Zelmire ; il n'est
pas douteux, cependant, que le « souffre-douleur »
de la Tsarine en fut l'auteur. Grimm, dont on sait
les origines allemandes, était en relations avec presque toutes les familles princières de l'autre côté du
Rhin. Il en tirait grande vanité, et Catherine le plai-
santait souvent sur sa maladie de « déterrer » des
altesses allemandes. La famille de Brunswick était
naturellement du nombre des relations de Grimm ;
c'est lui qui avait recommandé la jeune princesse
Augusta à sa Souveraine.

S'ensuit-il qu'il lui avait aussi indiqué le sobriquet
de Zelmire? Si nous ne connaissions pas le faible
de Catherine pour décorer de quelque pittoresque
surnom, afin de dépister les curieux, la plupart des
personnages qui faisaient les honneurs de sa correspondance, nous serions tenté de le croire. Il n'est
pas possible, d'ailleurs, de déterminer les origines
de ce mot. En 1762 le poète de Belloy avait fait jouer
à la Comédie française une tragédie en cinq actes,
Zelmire, qui avait obtenu un immense succès, et

que Grimm, dans sa *Correspondance*[1], critique de la belle façon ; or, de Belloy était réputé pour plusieurs autres pièces, et sa vie, comme celle de son héroïne, était un roman des plus singuliers ; enfin il avait joué la comédie à Saint-Pétersbourg du temps où Catherine était grande-duchesse ; et il n'est pas douteux que la Tsarine, qui prêtait une attention soutenue à tout ce qui touchait à l'art dramatique, savait du moins qui était de Belloy, et n'ignorait pas sa *Zelmire*. Est-il permis d'induire que la princesse Augusta dut son surnom de Zelmire à la tragédie du poète-comédien de Belloy ? Nous n'apercevons pas le lien, et ce serait aller chercher bien loin les origines d'un mot qui peut-être remontait tout bonnement à l'enfance de la jeune princesse. Mais en pareille matière on ne saurait être bien difficile, et exiger des explications raisonnables là où peut-être le hasard avait tout fait.

Quoi qu'il en soit des origines de ce surnom, au printemps de 1779 la Tsarine tenait la princesse Augusta pour une ravissante personne. Aussi, l'année

---

1. *Correspondance générale de Grimm, Diderot, etc.*

suivante, applaudit-elle à son mariage avec le prince Frédéric de Wurtemberg.

Mais cette opinion subit, dès le début, des hauts et des bas, par suite des renseignements qui lui furent fournis sur la conduite de la jeune mariée. Au mois d'avril 1782, par exemple, l'Impératrice se demande si la princesse Caroline de Brunswick [1] ressemble à sa sœur aînée, la princesse Augusta, car le prince de Wurtemberg est inconsolable du choix qu'il a fait. Nous apprenons par elle qu'il a déjà songé « vingt fois » à se démarier.

Avant sa nomination au poste de gouverneur général de la Finlande, le prince de Wurtemberg

1. La princesse Caroline de Brunswick, née en 1768, épousa plus tard le prince de Galles, qui devint roi d'Angleterre sous le nom de Georges IV. Voir dans la même collection : Maurice Soulié, *La Reine Scandaleuse, Caroline de Brunswick, reine d'Angleterre (1768-1861)* un vol. in-8 écu, Payot, Paris. On sait que d'un commun accord le prince et la princesse de Galles se séparèrent peu de temps après leur mariage. La princesse de Galles tint une conduite si scandaleuse que son mari dut, par deux fois, lui intenter une accusation publique d'adultère. Et lorsque Georges IV monta sur le trône, il interdit à sa femme d'assister au couronnement et de prendre le titre de reine d'Angleterre. Il serait absolument téméraire et injuste de juger la princesse de Wurtemberg par sa sœur cadette : mais il n'est pas interdit de faire remarquer que le sang qui avait produit la princesse Caroline pouvait produire deux sujets de même tempérament.

avait servi dans l'armée impériale. Il avait habité la Silésie autrichienne, et la jeune princesse s'y était montrée sous un jour peu à son avantage. C'est le comte de Goertz, du moins, qui l'affirmait, et qui avait fait sur les étourderies et les déportements de la princesse de Wurtemberg des confidences à la Tsarine. Le comte de Goertz, que Grimm comprend parmi ses amis, se trouvait en 1782 ambassadeur de Prusse à Saint-Pétersbourg, et Mme de Goertz avait été dame de compagnie de la princesse de Wurtemberg pendant son séjour en Silésie[1]. Personne ne pouvait donc mieux connaître que les Goertz le caractère et les habitudes de la jeune princesse, ainsi que la conduite qu'elle avait tenue depuis son mariage. Or, le comte de Goertz déclarait en savoir long sur ce chapitre.

Ces confidences, cependant, ne réussirent guère à modifier l'impression première de la Tsarine ; décidée à marquer à la jeune princesse une indulgence particulière, elle est résolue à l'assurer de sa sympathie. C'est que l'ambassadeur de Prusse n'est pas

---

1. A la résidence de Lüben (Silésie).

persona grata au palais d'Hiver ; c'est ensuite que Catherine est assez coulante sur le chapitre des mœurs, et pardonne volontiers les erreurs ou les oublis qui pourraient lui être si facilement imputés. Nous avons dit que le comte de Goertz n'inspirait à la Tsarine aucune confiance ; elle l'appelle tour à tour : « frère Goertz », « l'ami glacial », « la glace boutonnée » ; et ces épithètes témoignent de son profond mépris pour lui ; il est encore *pedantesco tudesco*, et c'est tout dire. A son avis, il est « un menteur et intrigant de profession et de sang-froid », qui répand sa bile sur tous ceux qui le gênent ou qui se trouvent à sa portée. Aussi la Tsarine prétend qu'il est la risée de ses collègues. Tel est l'homme qui lui énumère les « déportements » de Zelmire et qui en dit « pis que pendre ».

Catherine est parfois ébranlée, mais elle n'est pas convaincue ; ces racontars ne l'empêchent pas de faire dès le début le meilleur accueil à la princesse de Wurtemberg. Au surplus, ainsi qu'elle l'écrit à Grimm, elle épluchera « qui du mari ou de la femme peut avoir tort ».

Certes, quand le prince de Wurtemberg arrive en

Russie, elle n'est pas moins bien disposée pour lui. Lors d'un précédent voyage [1] elle l'a trouvé « une masse très épaisse », mais elle le croit « calomnié » ; et bien qu'il lui ait été représenté comme « féroce », elle le juge « capable d'humanité ». En effet, dit-elle, il a montré, en maintes circonstances, « de la compassion et beaucoup de bonhomie. » Et elle raconte qu'un jour, ayant rencontré « les femmes de sa sœur » en pleurs, à cause des reproches qu'elles avaient reçus, il a adressé des remontrances à la grande-duchesse. La Tsarine nous apprendra encore qu'il s'est brouillé deux fois avec son beau-frère, dès le début de leurs relations, « pour des misères », mais qu'il s'est tiré de ce « faux pas » avec habileté et à sa louange. Voilà des indices qui sembleraient indiquer une certaine vivacité de caractère. Catherine n'en a pas souci. A son avis le prince de Wurtemberg a du cœur, et une foule de circonstances militent en sa faveur.

Telles sont les dispositions de l'Impératrice à l'égard des jeunes époux au moment de leur arrivée à sa Cour. Il n'était pas inutile de les faire connaître,

1. Le prince Frédéric avait séjourné en Russie de septembre 1779 à février 1780.

afin de montrer l'impartialité de la Tsarine, et afin d'apprécier l'évolution qui va se produire dans son esprit. Grimm est persuadé que Zelmire fera la conquête de sa Souveraine.

Il en arriva ainsi que Grimm l'avait prédit.

Un mot que la Tsarine écrit à Potemkine le 8 octobre 1782 nous révèle l'effet que lui produisit Zelmire : « La princesse de Wurtemberg est arrivée jeudi à l'Ermitage ; ses yeux étaient tellement gonflés par les larmes qu'il y avait pitié à la regarder. On dit qu'ils vivent comme chat et chien [1]. » Cette première impression ne fit que s'accentuer. Le 9 décembre elle écrit à Grimm que Zelmire se conduit très bien et que son mari pourrait avoir des manières moins bourrues ; celui-ci, ajoute-t-elle, devra modérer ses allures farouches ; quant à la « petite », elle trouvera en Russie plus de protection qu'elle ne s'y attend.

Voilà à quoi avaient abouti les confidences du comte de Goertz. Il a suffi de quelques jours à Catherine pour « éplucher » et débrouiller les torts réciproques du mari et de la femme. Si le frère de la

1. *Recueil de la Société impériale historique russe*, tome XXVII, p. 218.

grande-duchesse bronche, elle prendra résolument parti contre lui !

Nous savons combien peu d'affection vraie la Tsarine nourrissait pour son fils ; assurément elle n'en avait pas davantage pour sa belle-fille, bien que celle-ci sût garder un rôle effacé et se confiner dans ses devoirs d'épouse et de mère. Néanmoins, pour que la Tsarine se déclare si ouvertement contre le frère de sa belle-fille, ne faut-il pas que ses torts vis-à-vis de sa femme soient déjà bien manifestes ?

D'ordinaire Catherine s'engoue des gens au galop, et les répudie de même. Cette fois elle échappe quelque peu à son enthousiasme habituel. Dès la première vue des allures et de l'attitude du prince, il est vrai, elle a été prise de pitié pour Zelmire. Mais son attachement pour elle ne se manifestera pas du premier coup ; il grandira au fur et à mesure que l'état de sa protégée deviendra plus pénible et désespéré. Il y a là une gradation qui enlève à cette affection tout caractère d'engouement, et qui ne peut s'expliquer que par l'aggravation persistante de la situation faite à la jeune femme.

Durant l'année 1783 les relations de Zelmire avec

la Tsarine ne firent pas de grands progrès. Certes, la discorde est complète dans le ménage du prince et de la princesse de Wurtemberg ; mais celle-ci supporte les mauvais traitements de son mari sans trop se plaindre. Et il faut croire que sa coquetterie ne fait pas beaucoup jaser à la Cour de Russie, car le reproche qu'on lui adresse est de ne pas desserrer les dents et de ne confier ses peines à personne. Catherine fait tout au monde pour mettre la jeune femme à son aise, mais elle n'y réussit pas facilement [1].

Il est donc hors de doute qu'en 1783 la princesse Augusta n'est pas fort appréciée dans l'entourage impérial. Est-ce timidité de sa part? Toujours est-il qu'elle n'est pas « communicante ». Catherine écrit à Grimm : « Elle rêve toujours et ne dit mot [2]. » Un séjour de six mois qu'elle fait à la Cour, pendant un voyage de son mari, ne lui est pas favorable ; généralement on ne la trouve ni aimable, ni spirituelle. Et la Tsarine ne pense pas très différemment. Elle écrit à Grimm que la jeune femme tient surtout

1. Lettre de Catherine à Grimm du 9 mars 1783.
2. Lettre de Catherine à Grimm du 13 octobre 1783.

de sa mère ; et nous savons qu'à ses yeux la duchesse de Brunswick « n'est pas tout à fait aussi aigle que son mari ». Cependant la Tsarine et Zelmire ont des goûts communs pour les « exercices vifs » ; et un jour arriva où la Tsarine parvint à faire rire « la petite aux éclats. » A partir de ce moment la glace fut rompue, et Zelmire apparut à la Souveraine sous des couleurs plus riantes.

Est-il besoin d'ajouter que dès 1783, personne, à la Cour de Russie, n'ignorait les dissentiments qui existaient entre le prince et la princesse de Wurtemberg? On savait que le prince inspirait à sa femme une peur invincible ; la grande-duchesse elle-même donnait ouvertement tort à son frère [1]. Il va sans dire qu'à peu près tout le monde blâmait l'attitude du prince.

Grimm avait été chargé par le duc et la duchesse de Brunswick de s'enquérir de l'accueil que leur fille avait reçu à Pétersbourg. Les parents de Zelmire n'entretenaient donc, en 1782 et en 1783, aucune relation directe avec l'impératrice de Russie. Grimm

1. C'est pendant cet été, le 29 juillet 1783, que la grande-duchesse accoucha de la « demoiselle » Alexandra Paulovna.

put les assurer que leur fille avait trouvé grâce et protection auprès de la Tsarine.

Par suite des vides qui se trouvent dans la correspondance de Grimm, nous sommes empêchés de connaître dans quels termes il parla de la princesse Augusta de 1783 à 1786. Le nom et l'éloge de Zelmire durent venir fréquemment sous sa plume, car à plusieurs reprises, malgré ses embarras en Turquie et ses préoccupations politiques de tout ordre, Catherine n'omit jamais de l'entretenir de sa petite protégée et de le rassurer sur sa conduite.

Il est sans intérêt, d'ailleurs, de s'arrêter sur l'année 1784, que le gouverneur général de Finlande et sa femme passèrent tantôt à Viborg, tantôt à Pétersbourg. Les dissentiments ne firent évidemment que s'accentuer dans le ménage, mais ils n'aboutirent à aucun scandale.

Il n'en fut pas de même l'année suivante. La situation s'aggrava à tel point que la Tsarine, saisie de pitié pour la malheureuse femme, fut amenée à la prendre décidément sous sa protection. Une « pancarte » de Catherine du 27 avril 1785 met si bien en lumière les violences du prince de Wurtemberg et les sentiments de l'Impératrice, que nous croyons devoir la reproduire : [1]

« Vous m'avez parlé de Zelmire, que vous m'avez recommandée de la part de ses parents. Je dois d'abord vous dire qu'elle se conduit parfaitement bien, et qu'il n'y a aucune sorte de reproche à lui faire ; mais son bélître de mari est un homme intraitable, qui a avec elle une conduite si brutale et si inconsidérée qu'il fera mourir de chagrin cette pauvre petite femme et que même je ne sais pas trop si sa vie est en sûreté avec lui. Il a eu avec elle une scène scandaleuse la semaine passée dont tout le monde est instruit : il l'a battue, l'a tirée par les cheveux, et puis l'a enfermée sous clef dans sa maison ; sa propre sœur, son beau-frère et tout le monde sont du côté de la femme. Dès que je l'ai appris, j'ai envoyé le mari dans son gouvernement, sous prétexte d'affaire pressante ; au départ ils ont fait une paix plâtrée qu'il est à prévoir qu'elle ne sera pas de durée ; elle viendra avec moi à la campagne où je vais après-demain ; monsieur son mari lui dit à toute heure

1. Lettre de Catherine II à Grimm du 27 avril 1785.

qu'il ne peut pas la souffrir ; c'est le plus doux compliment qu'elle en reçoit. Je crois qu'il serait utile pour la pauvre petite que ses parents sussent le malheureux état dans lequel elle se trouve sans sa faute quelconque ; mais il faudrait leur recommander de ne pas la compromettre. Elle ignore totalement que j'écris ceci, et je l'écris parce que je prévois qu'on sera obligé de les séparer tôt ou tard si on veut la conserver en vie. Vous ferez de tout ceci l'emploi que vous jugerez convenable ; si nous pourrons, nous éviterons tout événement troublant la paix, mais la chose paraît difficile avec un furieux comme celui-là. »

Il y eut donc, vers le milieu d'avril 1785, entre le prince de Wurtemberg et sa femme, une dispute telle que l'Impératrice exigea du mari qu'il rejoignît immédiatement son gouvernement de Finlande ; la Tsarine garda Zelmire qui l'accompagna à Tsarskoé-Sélo. Certes, le prince et la princesse de Wurtemberg n'en étaient pas à leur première séparation ; mais celle-ci prend un caractère grave en raison de l'éclat qui l'a motivée, et en raison de l'intervention de l'Impératrice. Aussi Catherine juge nécessaire que les parents de Zelmire soient instruits de cet état de choses, car une séparation définitive s'imposera tôt ou tard.

Après deux mois de séjour dans son gouvernement, le prince de Wurtemberg revint à Pétersbourg ; la Tsarine, n'ayant aucun prétexte honnête pour l'éloigner, craignit le retour de nouveaux scandales. C'est Grimm que Catherine avait chargé de faire connaître la situation au duc et à la duchesse de Brunswick ; cela était tout naturel puisque c'est lui qui avait recommandé Zelmire à la Tsarine. Mais celle-ci insiste pour que Grimm agisse au plus vite[1] ; il est nécessaire, en effet, dit-elle, de sauver « cette pauvre femme qui dépérit à vue d'œil » ; il s'agit aussi de délivrer le grand-duc et la grande-duchesse d'un tel souci.

De plus, il y a urgence à se préoccuper du sort qui pourra être fait à « l'innocente » Zelmire. « Le butor est haï et détesté en Russie comme un crapaud » ; et la Tsarine, qui s'exprime ainsi dans sa lettre du 28 juin 1785, ajoute que le moment ne saurait tarder

1. Lettre de Catherine à Grimm du 28 juin 1785.

où elle sera obligée de le renvoyer. Ce jour-là, dit-elle,
le choix pour Zelmire s'imposera entre deux solu-
tions : elle devra retourner chez ses parents ; ou bien,
si ceux-ci ne consentent pas à la recevoir, elle devra
s'établir en Russie ou autre part, là où elle voudra.
Quant aux enfants, la Tsarine estime qu'ils ne doivent
pas être donnés au père, d'autant qu'ils ne peuvent le
voir « sans terreur ». A son avis le mieux serait de
donner les fils aux États de Wurtemberg, et les filles
resteraient avec leur mère ; aux yeux de Catherine
cet accord serait le plus logique, d'autant mieux que
Zelmire est « d'une conduite irréprochable ». D'ailleurs l'Impératrice déclare à Grimm que, quoi qu'il
arrive, elle n'abandonnera pas sa protégée, ainsi
qu'elle lui en a donné sa « parole d'honneur ».

Si Catherine entre dans ces détails et s'exprime
dans ces termes, c'est pour que Grimm ait soin de
les répéter à la famille de Brunswick. Catherine, en
effet, a lieu de se méfier du « papa » de Zelmire,
et de se montrer incrédule au sujet de ses efforts
pour le bien de sa fille. Depuis longtemps déjà le
duc de Brunswick connaît les dissentiments survenus
dans le ménage de sa fille, et c'est contre elle qu'il a

pris parti. Est-ce à cause des écarts de conduite qui lui ont été reprochés, et parce qu'il sait à quoi s'en tenir sur son tempérament? Ou bien est-ce par manque d'affection? Toujours est-il qu'il l'a menacée « de la faire enfermer », si jamais il lui arrivait de ne pas suivre son mari. La Tsarine a été surprise et contrariée d'une pareille menace ; mais elle n'en a pas été effrayée. Si le « papa » n'est pas satisfait, a-t-elle rétorqué à Grimm, il n'a qu'à essayer de vivre « avec ce butor » ; il verra dès lors « qu'il n'y a que coups et injures à attraper. »

D'ailleurs la Tsarine prétend que si le duc et la duchesse de Brunswick persistent à donner tort à leur fille, ils n'aboutiront qu'à la rendre plus malheureuse, et à aggraver sa mauvaise destinée. Mais il serait inique et odieux, ajoute-t-elle, qu'après avoir été victime de son mari, Zelmire le pût être de ses parents. Catherine est fermement décidée à ne pas permettre un pareil sacrifice. Pour éviter l'exécution des menaces du duc de Brunswick, Catherine déclare qu'elle défendra Zelmire jusqu'au bout, et ne la rendra à ses parents que si elle obtient d'eux des gages suffisants de bonheur. « Je déclare tout net, écrit-elle à Grimm, que je défendrai tout net à Zel-mire de quitter la Russie avant d'être assurée en bonne et due forme qu'elle est et sera en parfaite sécurité. » Telles sont les paroles que Grimm est chargé de faire parvenir au duc de Brunswick.

Devons-nous être surpris de cette initiative de la Tsarine et du ton d'autorité avec lequel elle précise ses déclarations? Ce serait bien mal connaître son caractère ; nous savons que ce n'est pas la résolution qui lui fait défaut, ni dans les circonstances critiques le coup d'œil. Et peut-on douter de la sincérité de tels propos, si souvent et si crânement répétés? Si le sort de Zelmire et celui de son mari eussent été attachés par quelque bout à sa politique, Cathe-rine les eût, sans hésiter, sacrifiés aux intérêts de sa couronne. Mais il n'est pas possible de voir dans cette affaire autre chose qu'un scandale de famille qui menaçait d'atteindre le grand-duc héritier ainsi que la grande-duchesse et dont l'écho se répercu-tait dans l'entourage impérial et dans la société russe. Il eût donc été logique que la Tsarine sacrifiât la princesse Augusta plutôt que le frère de la grande-duchesse. Si elle n'hésita pas à donner tort au prince de Wurtemberg, malgré le préjudice qu'elle portait au prestige de la famille de la grande-duchesse, c'est sans doute parce qu'elle ne pouvait pas, contre toute évidence et contre toute équité, se prononcer autrement. Le prince lui fit réellement l'effet d'un « bélître » et d'un « butor » ; et il ne faut pas oublier, d'ailleurs, que la grande-duchesse elle-même fut obligée de marquer combien elle condamnait la conduite de son frère. Il semble y avoir là un caractère d'évidence contre lequel il serait imprudent de s'élever.

Et, soit dit en passant, *le cas* de Zelmire n'est-il pas un exemple de la façon dont l'auguste Souveraine entend protéger quiconque paraît avoir droit à son appui? Zelmire lui avait été recommandée, presque confiée ; Catherine se constitua la protectrice de cette pupille dont elle était l'unique soutien. Et elle eut le courage de la défendre contre ceux mêmes qui, par le droit du sang, auraient dû être ses protecteurs naturels. Si nous n'avions pas d'autres preuves de la générosité et de la bonté d'âme de Catherine II en certaines circonstances, nous aurions encore celle-là.

Ce qui semble prouver le complet désintéresse-
ment et la parfaite sincérité de la Tsarine, ce sont
aussi ses efforts à apaiser les deux époux plutôt
qu'à précipiter un dénouement qu'elle considère
comme fatal. Il est peut-être difficile de démêler
si c'est par compassion vraie, ou bien simplement
dans le but d'étaler sa générosité et son esprit de
justice, qu'elle s'entêta à protéger contre « vents et
marée » celle qui lui avait été confiée. Ce qui ne paraît
pas discutable, c'est qu'elle agit sous l'un ou sous
l'autre de ces mobiles.

Nous avons dit que le jour où, par ordre de l'Impératrice, le prince de Wurtemberg avait rejoint sa
résidence de Viborg, un raccommodement s'était
opéré entre les deux époux. Quant il revint à Pétersbourg, son attitude vis-à-vis de sa femme laissa
moins prise à la critique que par le passé. La Tsarine
nous en explique la cause [1] : « Le beau-frère et sa
sœur le moralisent. » Grâce aux efforts du grand-duc
et de la grande-duchesse, le ménage jouit passa-
gèrement d'une tranquillité relative. Le prince et

[1] Lettre à Grimm du 21 juillet 1785.

la princesse de Wurtemberg passèrent les mois de juillet et d'août 1785 dans l'entourage impérial ; puis ils regagnèrent la Finlande. Ils s'y comportèrent passablement ; si bien que Zelmire écrit à sa belle-sœur qu'elle pourra vivre contente si son mari ne recommence pas ses violences et ses outrages.

Mais le tempérament brutal du prince ne devait-il pas reprendre le dessus ? C'était l'avis de la Tsarine, et aussi de ses enfants. Le prince et la princesse de Wurtemberg ne restèrent que six semaines à Viborg, où, pour suivre l'exemple que la Tsarine venait de donner, ils firent inoculer leurs enfants ; puis, ils retournèrent à Pétersbourg, où pendant quelques mois ils vécurent sans faire parler d'eux ; le 2 novembre, Zelmire, après avoir dîné à l'Ermitage, déclarait à l'Impératrice qu'elle n'avait rien à reprocher à son mari. Néanmoins, Catherine surveillait les deux époux, dans la crainte d'un nouvel éclat.

Grimm avait accompli sa mission ; et Catherine reçut du duc de Brunswick plusieurs lettres qu'elle eut soin de ne pas remettre à Zelmire. Il importait, en effet, de ne pas raviver un conflit qu'elle s'était efforcée d'apaiser. « Puisque les deux époux sont en bons termes, écrit-elle à Grimm le 2 novembre, je ne veux pas réveiller le chat qui dort. »

Mais, le lendemain, les deux époux se querellèrent vivement et se donnèrent des coups ; puis, ils convinrent amiablement qu'ils se sépareraient après les couches de la grande-duchesse. Zelmire informa aussitôt la Tsarine de cet arrangement, et celle-ci écrivit à Grimm le 5 novembre : « A dire le vrai, Zelmire ne sait pas trop ce qu'elle veut elle-même, et cela n'est pas étonnant ; je voudrais que l'un et l'autre fussent hors d'ici, car il n'y a pas de plaisir à entendre tout ce train. Je lui ai envoyé les lettres de ses parents. »

Comme on voit, la Tsarine était lasse des querelles d'un ménage où les coups succédaient aux raccommodements et *vice versa* ; néanmoins, elle défend sa jeune amie contre les violences de son mari, et aussi contre les calomnies de ses adversaires. Car Zelmire a des adversaires : le comte et la comtesse de Goertz ont continué à la desservir. L'ambassadeur de Prusse, que la Tsarine dépeint « la bile incarnée », a répandu, avant de quitter Saint-Pétersbourg, tout plein d'horreurs sur la pauvre Zelmire ; sa femme, aussi méchante que lui, au dire de l'Impératrice, a tâché de nuire à Zelmire par tous les moyens possibles, allant colporter dans la société de Saint-Pétersbourg un tas de vilenies mensongères. Il n'y a pas lieu de s'arrêter à ces calomnies, la vengeance en étant le mobile. Mais le comte et la comtesse de Goertz desservirent aussi Zelmire auprès de ses parents. Ainsi s'explique jusqu'à un certain point l'attitude du duc de Brunswick vis-à-vis de sa fille.

C'est le 4 novembre 1785 que la Tsarine communiqua à Zelmire les lettres de ses parents, qu'elle avait d'abord gardées dans la crainte de réveiller « le chat qui dort. » C'est dans une de ces lettres que le duc de Brunswick disait : « La bastonnade est innée dans la race du mari[1]. » Catherine se réjouit beaucoup de cet aveu. « Ceci m'a confirmé, écrit elle à Grimm, ce dont je me doutais : c'est qu'ils sont tous excessivement mal élevés[2]. » Et à propos d'un frère cadet, le prince Louis de Wurtemberg, qui l'année

---

1. La race des Wurtemberg.

2. Il serait permis de se demander si, dans ce : *tous*, la Tsarine entend comprendre sa belle-fille ! Cet aveu de la Souveraine sur la grande-duchesse Paul serait plaisant !

précédente avait épousé la fille du prince Adam Czartorysky, elle ajoute : « Si le frère Louis ne cesse de rosser la sienne, je pense que sa Polonaise ne durera pas longtemps avec lui ; les femmes de ce pays-là ne sont pas endurantes, et il se trouvera sans femme ni richesse [1]. »

Quoi qu'il en soit, le dénouement fatal et prévu

[1]. Le mariage du prince Louis de Wurtemberg avec la princesse Czartoryska avait eu lieu le 28 octobre 1784. La Tsarine désapprouva cette union, ainsi qu'il ressort d'une lettre à sa belle-fille, publiée dans le *Recueil de la Société impériale historique russe*, tome XXVII, p. 344. « Lorsque vos parents et vous m'avez demandé mon avis sur le mariage de votre frère, je vous ai dit mon sentiment avec franchise, comme à ma fille et à une grande-duchesse de Russie. » Catherine ajoute que « les intrigues qui ont manigancé ce mariage ayant prévalu », elle se dispensera d'y prendre la moindre part.

Nous savons ce qu'il advint du prince et de la princesse Louis de Wurtemberg. La suite des événements prouva, en effet, que la « bastonnade » était passablement « innée » dans la famille de Wurtemberg. La princesse Louis, outrée des traitements que lui faisait subir son mari, divorça avec éclat. Et c'est Catherine qui nous fournit quelques spécimens de la conduite du prince Louis. Par elle nous apprenons « que le prince Louis de Wurtemberg forçait sa femme à cirer ses bottes, à laver son linge, et la rouait tellement de coups que la mère de la princesse dut arriver pour délivrer sa fille d'un pareil enfer ». N'est-on pas obligé de convenir que c'est là une étrange famille ? Mais si la princesse Augusta de Brunswick pouvait ressembler à sa sœur cadette, quant à ses déportements, est-il interdit de penser, d'après la même loi du sang, que le prince Frédéric de Wurtemberg pouvait quelque peu ressembler à son frère, le prince Louis ?

d'une séparation définitive entre le prince Frédéric et sa femme se fit un peu attendre. Nous ignorons où et comment ils vécurent durant l'été et l'automne de 1786. Les deux époux avaient décidé qu'ils se sépareraient immédiatement après les couches de la grande-duchesse ; d'autre part, le prince avait manifesté le projet de consacrer l'été de 1786 à se rendre en Wurtemberg et à visiter l'Allemagne. Il est donc probable que le prince voyagea et que Zelmire partagea son temps entre sa résidence de Pétersbourg et celle de Finlande. C'est ce qui explique le silence de la Tsarine à son égard.

Mais l'hiver ramena le prince de Wurtemberg en Russie, et il y retrouva sa femme. Les deux époux n'eurent aucun plaisir à se revoir, et ils se querellèrent plus fort que jamais. Peu de jours avant son départ pour le fameux voyage en Tauride, le 17 décembre 1786, la Tsarine écrit que les affaires de Zelmire « sont à toute extrémité », et que selon toute apparence, elle va être obligée, « dans une couple de jours, » de s'adresser à « son père en droiture ». Et elle ajoute [1] :

1. Lettre de Catherine à Grimm du 17 décembre 1786.

« J'ai depuis huit jours une espèce de fièvre quand
je pense à Zelmire ; après cela, dites, si vous pouvez,
que je ne m'intéresse pas au sort d'autrui! » Est-il
vraiment possible de douter de la bonne foi de
l'Impératrice ? Ce langage n'a-t-il pas l'accent de
la vérité ? Parlerait-elle de la sorte, si elle n'éprou-
vait pas à quelque degré les sentiments qu'elle
exprime?

C'est le lendemain, 18 décembre 1786, que se
déroula la scène finale, déjà citée, qui a été rapportée
par le comte de Ségur, et qu'il importe de remettre
ici à sa place. A l'issue d'une soirée à l'Ermitage,
après avoir fait ses adieux à son beau-frère et à sa
belle-sœur, Zelmire, restée à peu près seule avec
l'Impératrice, se jeta à ses pieds, lui déclara qu'elle
ne voulait plus retourner avec son mari, et lui
demanda aide et protection. Catherine, touchée de
cette prière, fit immédiatement préparer des appartements à Zelmire [1], et obligea le prince de Wurtemberg à se retirer en Allemagne.

Nous ne rappelons cet incident que brièvement ;

1. Dans ses *Mémoires*, la comtesse Daschkof dit également que la princesse de Wurtemberg alla habiter l'Ermitage.

mais il y a lieu d'en mesurer les conséquences.

La Tsarine ne raconta pas à Grimm toutes les péripéties de cette scène ; mais sa relation, loin de contredire le témoignage du comte de Ségur, le confirme, au contraire, sur la plupart des points. Nous pouvons donc tenir le récit de Ségur comme authentique. D'ailleurs, il n'y a pas que son témoignage sur lequel nous puissions nous appuyer. Le lendemain même du jour où se déroulait cette scène, voici comment la Tsarine en faisait part à son fidèle Potemkine : « Les étrilleries du prince de Wurtemberg ont enfin obligé sa femme de se retirer chez moi, parce que réellement elle était en danger de la vie ; j'ai saisi cette très favorable occasion pour les renvoyer tous deux d'ici, et sous peu de jours nous en serons quittes. J'ai fait ce que j'ai dû faire, et j'ai fait bien. La femme ira chez ses parents, et le mari où il voudra. » Et c'est également ce qu'écrit à Potemkine son secrétaire et intendant Garnowski, qui le renseigne sur les événements de la Cour de Russie et de la société pétersbourgeoise. Quant à la « pancarte » de Catherine à Grimm, elle est du 26 décembre. Il s'y trouve des détails oiseux.

Il nous suffit d'en citer un fragment important, et de résumer les intentions de la Souveraine à l'égard de sa protégée :

« Nous tenons dans notre Hermitage une princesse enchantée : c'est Zelmire qui s'est réfugiée chez moi, courant risque de la vie chez l'indigne maroufle, son conjoint ; il n'y a pas de mauvais traitement ni d'ignominie qu'elle n'ait essuyés ou eu à craindre ; j'ai saisi l'occasion favorable pour faire dire au maroufle endiablé de s'en aller d'ici. Il m'a écrit une lettre d'enragé, mais il a dû plier bagage, et est réellement parti mardi passé. Il a dit qu'il partait pour aller trouver son beau-père, et Zelmire tremble qu'il ne la noircisse près de ses parents. Le public est tout contre le maroufle ; ses plus proches ne le justifient pas, mais ils auraient voulu être avertis par Zelmire ; or, celle-ci, en conscience, ne pouvait les avertir ; on me boude, je crois aussi, mais on aura la double peine de se fâcher et défâcher. Mon intention nette et claire est de renvoyer Zelmire à ses parents, et dans toute cette affaire j'ai fait, je fais et je ferai ce que je dois faire... »

Et l'Impératrice indique à Grimm les dispositions

qu'elle est obligée de prendre. Nous apprenons que Zelmire aurait désiré rester à Saint-Pétersbourg. Mais Catherine ne l'entend pas ainsi. Il est nécessaire que Pétersbourg oublie « cette désagréable histoire », qui faisait « le sujet de toutes les conversations de la ville », comme le rapporte la comtesse Daschkof dans ses *Mémoires*. Il importe donc que Zelmire quitte au plus vite la capitale. Mais Zelmire ne saurait être renvoyée à l'aventure ; aussi Catherine a-t-elle fait rechercher, dit-elle à Grimm, « un asile commode et décent » où la jeune femme ira attendre le sort qui sera décidé. Il ressort de cette lettre qu'à la date du 26 décembre, la Tsarine ignorait encore quelle résidence pourrait servir de refuge à Zelmire ; la destination du château de Lohde n'avait donc pas été prévue à l'avance.

Nous savons, en effet, que c'est trois jours après, le 29 décembre, que la Tsarine fit partir Zelmire pour le château de Lohde[1]. Cette résidence — qui

---

1. Lorsque, dans les derniers mois de la vie de la Tsarine, il fut question de déclarer le jeune grand-duc Alexandre héritier présomptif de la couronne de Russie, des bruits sinistres coururent à Pétersbourg sur le compte du grand-duc Paul, et c'est au château de Lohde, paraît-il, que celui-ci aurait pu être interné.

se trouvait en Esthonie, à une centaine de kilomètres de Reval — avait été achetée en 1771 au baron de Liéven par le comte Grégoire Orlof, et venait d'être acquise, en 1786, par le gouvernement impérial. C'est ainsi que quelques mois après cette acquisition, elle put servir de retraite à la princesse de Wurtemberg. Pohlmann fut chargé d'accompagner la jeune princesse, et Catherine lui remit des fonds pour le voyage ainsi que pour l'entretien de sa protégée. Khrapovitzky, dans son *Journal*, nous confirme ce fait. Il est donc certain que l'Impératrice, au moins dans les débuts, subvint à l'entretien de Zelmire.

Il ressort également de la « pancarte » de Catherine, qu'elle est plus que jamais décidée à défendre la princesse contre les prétentions de son mari et de son père. A la vérité, la Tsarine a encore trop bonne opinion du « papa », « un des héros du siècle », pour croire qu'il se laissera circonvenir par son gendre ; néanmoins elle n'est pas rassurée ; aussi demande-t-elle à Grimm de lui faire connaître si le duc de Brunswick est satisfait d'elle. La Tsarine est d'autant plus inquiète, qu'en quittant la Russie, le prince de Wurtemberg est allé trouver son beau-père. Pour

donner à Grimm une idée du « maroufle », elle ajoute :
« Il a dit lui-même à sa femme qu'il était ennemi
implacable, et qu'il ne savait pas comment on pouvait pardonner ! Ne voilà-t-il pas un joli petit caractère ? »

Le prince Galitzine raconte dans ses *Mémoires*
qu'au moment de la rupture, le prince Frédéric eut
des explications très vives avec la Tsarine, et s'oublia
à un tel point que son départ immédiat fut décidé.
Le fait n'est pas invraisemblable ; le caractère du
prince permet de faire toutes les suppositions à cet
égard. Nous savons qu'il écrivit à la Tsarine « une
lettre d'enragé ». Khrapovitsky, d'ailleurs, consigne
dans son *Journal* qu'à la date du 29 décembre l'Impératrice se montra indignée de la conduite du prince ;
Catherine s'écria, paraît-il, qu'elle ferait preuve de
mansuétude, mais qu'il méritait le plus rigoureux
châtiment. Il n'est donc pas défendu de croire, sans
se prononcer sur l'absolue authenticité du récit du
prince Galitzine, que les violences de langage du
prince de Wurtemberg vis-à-vis de la Tsarine ne
furent pas étrangères à la sévérité qu'elle lui marqua.

C'est le 2 janvier 1787 que Catherine quitta sa

capitale pour entreprendre ce merveilleux voyage de Tauride où se succédèrent les plus belles fêtes que la Russie eût jamais vues, ce voyage féerique organisé par la baguette magique du maréchal Potemkine. Malgré son éloignement de Pétersbourg, malgré les distractions et les occupations du voyage, Catherine trouva le temps de songer à sa protégée et d'en entretenir Grimm. Avant son départ, cette affaire lui avait causé de tels embarras, qu'elle avait dû y prêter, comme elle le dit, non pas « une demi-attention », mais « une et demie ». Pendant son voyage, loin d'oublier Zelmire, elle manifesta en toute occasion la volonté de lui assurer un sort, et elle ne négligea rien à cet effet.

Mais avant d'examiner quel souci elle apporta à la destinée de Zelmire, il convient d'en finir avec le scandale du 18 décembre 1786, et de déterminer quel écho il eut dans l'âme du grand-duc et de la grande-duchesse Paul.

Nous savons par le comte de Ségur qu'ils furent contrariés de n'avoir pas été prévenus par leur belle-sœur de l'appui qu'elle avait sollicité de la Tsarine. Catherine nous confirme le fait ; il n'y a donc pas lieu d'en douter. La veille de son départ pour la Tauride, la Tsarine écrit encore à Grimm : « La belle-sœur fait l'enfant ; on ne peut tout lui dire ; or donc le plus sage et le plus prudent est ce que j'ai fait, et puis c'est tout. » L'Impératrice fut évidemment très ennuyée de la façon dont ses enfants avaient envisagé l'incident. Suivant Garnowski, le couple grand-ducal ne quitta pas ses appartements particuliers pendant deux semaines, n'admettant auprès de lui que le maître des cérémonies et une dame de la cour. La comtesse Daschkof, de son côté, raconte qu'à la date du 1er janvier 1787, la grande-duchesse avait la fièvre depuis quinze jours. Le lendemain 2 janvier, la Souveraine s'éloignant de Pétersbourg, ses enfants furent obligés de recevoir ses adieux. Le grand-duc et la grande-duchesse ne quittèrent donc leurs appartements que le jour ou la veille du départ de la Tsarine.

Est-ce à dire, comme le croit le comte de Ségur, que le mécontentement de la grande-duchesse n'eut pour cause que le manque de confiance de sa belle-sœur ? Si cela était vrai, c'est uniquement à Zelmire que la grande-duchesse aurait été en droit de témoigner de l'humeur ; la Tsarine n'y eût été pour rien. Il est certain, cependant, que si le grand-duc et la grande-duchesse s'enfermèrent dans leurs appartements et ne voulurent admettre chez eux personne de leur entourage habituel, ce fut bien pour témoigner leur mécontentement à la Souveraine ; il est donc de toute évidence qu'ils furent réellement contrariés des préférences de l'Impératrice pour leur belle-sœur, et surtout du congé signifié au prince de Wurtemberg. Certes, le grand-duc Paul et Marie Féodorovna blâmaient l'attitude du prince à l'égard de sa femme, mais ils n'approuvaient pas davantage la conduite de celle-ci ; et leur bouderie serait inexplicable si l'on ne supposait pas que c'est la disgrâce du prince qui les atteignit au cœur. Telle est l'opinion qui se dégage forcément de l'attitude du grand-duc et de la grande-duchesse vis-à-vis de l'Impératrice.

Il y eut, d'ailleurs, un échange de lettres qui marquent le mécontentement de la grande-duchesse, et mettent en évidence les responsabilités. Il n'est pas inutile de reproduire ces lettres caractéristiques [1].

____

1. Elles ont été publiées dans le *Recueil de la Société impériale russe*, et n'ont pas été reproduites depuis lors.

Celle par laquelle la Tsarine signifia son renvoi au prince de Wurtemberg, en le dispensant de prendre congé d'elle, — ce qui équivalait à un ordre de s'éloigner de suite, — permet de supposer l'attitude violente que Garnowski prête au prince : « Monsieur mon cousin, lui écrit-elle, j'avertis Votre Altesse que la princesse est chez moi ; ma maison dans ce moment lui sert d'asile. Mon intention est de la renvoyer à ses parents. Votre Altesse pourra s'adresser à l'avenir à eux. Je ne suis ni ne serai point juge dans cette affaire. Mais comme j'ai lieu de supposer que Votre Altesse ne souhaitera pas après cela de rester plus longtemps ici, je lui accorde pour le moment par la présente un congé d'un an, et je lui conseille d'en profiter au plus tôt, et la dispense de prendre congé de moi. Si Votre Altesse juge à propos de prendre son congé de mon service, elle me le fera savoir, afin que je puisse le lui envoyer ; étant, monsieur mon cousin, de Votre Altesse la très bonne cousine. — CATHERINE. »

La Tsarine avisa ses enfants de l'acte par lequel elle plaçait Zelmire sous sa garde, et donnait à son mari un congé d'un an. Pour le faire, elle leur fit tenir une copie de cette lettre, accompagnée de ce billet : « Mes très chers enfants, la princesse de Wurtemberg s'étant retirée chez moi, je ne saurais me dispenser de lui donner asile et protection ; mon intention est de la renvoyer à ses parents, et de lui procurer le sort le moins malheureux que son état peut comporter ; sur ce point je vous prie d'être tranquilles. Dispensez-vous pour le moment de la voir. Je ne suis ni ne serai juge dans cette affaire ; elle est de la nature de celles qu'il est bon de mettre sous le voile de l'oubli et du plus profond silence ; c'est tout ce que je trouve de plus sage et de plus prudent à dire sur cette matière, et c'est aussi à quoi je tâcherai de la réduire. Je vous conseille d'en faire autant et de l'imposer à quiconque voudrait y manquer.

« Je sais très bien qu'il y aurait bien des questions et des commentaires à faire, mais je me dispenserai d'y répondre parce que je sais aussi que je fais ce que je dois faire, et puis c'est tout. »

Il semble qu'il n'y avait rien à répondre à pareille missive. Catherine avait agi avec la volonté bien arrêtée d'éloigner le prince, et il était à supposer qu'elle ne reviendrait pas sur sa décision. Marie Féodorovna s'y essaya cependant : « Madame! Mon trouble est trop grand pour pouvoir vous exprimer tout ce que j'éprouve. Mon frère a servi Votre Majesté avec zèle et avec attachement ; par conséquent, il ne pouvait ni ne devait s'attendre à cette démarche rigoureuse, qui le couvre de l'opprobre public, qui me désole et qui sera un coup de poignard pour ceux qui m'ont donné le jour. Voilà, Madame, tout ce que peut avoir l'honneur de vous dire votre très humble et très obéissante servante et fille. — MARIE. »

L'Impératrice, peu habituée à ce langage viril, dut faire la grimace. Mais elle n'était pas disposée à céder, et elle le fit sentir à sa bru par ce billet laconique : « Mes très chers enfants, ce n'est pas moi qui couvre d'opprobre le prince de Wurtemberg ; mais, au contraire, c'est moi qui tâche d'ensevelir dans l'oubli des abominations ; il est de mon devoir d'en réprimer de pareilles. »

Du reste, la Souveraine était pressée par son départ pour la Crimée, et elle avait décidé de prendre avec elle deux de ses petits-enfants, malgré les supplications de leurs parents. Ceux-ci offrirent de l'accompagner, afin d'avoir la satisfaction « d'être avec elle » *ou plutôt avec leurs enfants.* Mais elle les remercia de leur offre, et à leurs vœux de santé et de prospérité se borna à répondre par des compli-ments analogues.

Il n'est donc pas permis de douter des motifs du mécontentement du grand-duc et de la grande-duchesse.

Garnowski raconte aussi que les bruits les plus contradictoires coururent sur l'éloignement précipité du prince de Wurtemberg. Les uns crurent qu'il s'était rendu coupable de quelque trahison dans son gouvernement de Finlande ; d'autres allèrent jus-qu'à affirmer qu'il avait entretenu des relations avec la Suède, et que sa correspondance avait été saisie. Ce sont là des suppositions peu vraisemblables. Mais où Garnowski est dans le vrai, c'est quand il ajoute que le prince ne jouissait d'aucune sympathie à Pétersbourg ni dans son gouvernement de Finlande, et que personne ne fut affligé de son départ. Les Allemands eux-mêmes qui se trouvaient en Russie se réjouirent de sa disgrâce.

On comprend, dès lors, que la grande-duchesse, sa sœur, eût quelque raison de déplorer un incident, qui, sans l'atteindre personnellement, jetait le discrédit sur sa famille.

IV

Pendant son prestigieux voyage dans le sud de
son Empire, l'Impératrice s'inquiéta du sort qui
serait fait à Zelmire. Dès le premier jour elle marqua
sa ferme volonté de ne pas l'abandonner, et de ne la
rendre à ses parents que s'ils lui garantissaient un
bon accueil. « Je veux que ma princesse, écrit-elle
de Kiovie où elle fait un arrêt[1], après tant de souffrances et d'avanies, soit assurée d'un sort doux et
tranquille pour l'avenir ; or, jusqu'à ce temps elle
demeurera dans son asile : il faut qu'il en soit ainsi,
et pas autrement ; et j'en ai écrit au papa.»

Catherine, en effet, avait écrit au duc de Bruns-

1. Lettre de Catherine à Grimm du 8 février 1787.

wick, et à partir de ce moment s'engagèrent entre eux les pourparlers destinés à assurer le sort de la malheureuse femme [1]. Nous verrons tout à l'heure que si ces pourparlers n'aboutirent pas, c'est à l'attitude du duc de Brunswick qu'il faut surtout l'attribuer.

Dès la première lettre du duc de Brunswick, la Tsarine remarqua que les propos du prince de Wurtemberg avaient fait impression sur l'esprit de son beau-père. Une lettre que Zelmire reçut de son père, et qu'elle communiqua aussitôt à sa protectrice, le prouverait surabondamment, s'il en était besoin. « Ce furieux a beau jeu, écrit aussitôt Catherine à Grimm, parce que j'ai enseveli ses abominations ; mais s'il me pousse à bout, je parlerai à mon tour, et alors nous verrons si c'est lui ou moi qui ai raison [2]. » Et Zelmire a été si vivement impressionnée des reproches de son père que la Tsarine ajoute : « Zelmire est dans des transes mortelles qu'on ne la rende à son époux ; je ne puis pas le croire ; sachant les

1. La correspondance entre l'Impératrice et le duc de Brunswick a été publiée en partie dans les *Archives Woronzof*.
2. Lettre de Catherine à Grimm du 1er avril 1787.

choses comme je les sais, ce serait une cruauté horrible. Je me tairai aussi longtemps que je pourrai,
et jamais je n'obligerai Zelmire de s'en aller de son
asile, où elle est en sûreté et en liberté, à moins
qu'elle-même ne soit intimement persuadée et
assurée d'une amélioration de sort. Écoutez, je parle
avec de la bouillie dans la bouche, parce que je ne
dirai mon mot que lorsque je verrai qu'il faudra le
dire. Faites de ceci vis-à-vis du père le meilleur
usage que vous pourrez ; je serai bien aise qu'on ne
m'oblige pas de parler. »

Qu'est-ce donc à dire ? Le prince de Wurtemberg
s'est-il donc rendu coupable d'autre chose que de
coups et d'injures à l'adresse de sa femme ? Catherine
parle « d'abominations, d'horreurs » difficiles à dire,
et au sujet desquelles elle préfère garder le silence !
S'agit-il de quelque trahison, et le prince de Wurtemberg aurait-il entretenu des relations suspectes
avec la Suède ? Ou bien s'agit-il des violences de
langage dont il s'est sans doute rendu coupable à
l'égard de la Tsarine ? En ce qui concerne une trahison quelconque, le doute n'est pas permis. En
matière politique, Catherine n'admet pas la plaisan-

terie ; s'il se fût agi de trahison, croit-on qu'elle eût attendu le jour où Zelmire s'est jetée à ses pieds pour renvoyer son mari en Allemagne? Le prince de Wurtemberg n'eût pas attendu son congé vingt-quatre heures. Quand Catherine parle « d'abominations » et « d'horreurs », elle veut évidemment parler des mouvements de colère que le prince de Wurtemberg lui a manifestés, ou bien tout bonnement des coups et des injures qu'il distribuait généreusement à sa femme et que la Tsarine se plaît peut-être à exagérer afin d'intimider le duc de Brunswick et de le ramener à ses vues.

Grimm, chargé de fournir des explications au duc de Brunswick, se plaignit sans doute de n'en pas savoir assez. Mais les détails que la Tsarine lui donna à nouveau ne nous tirent pas entièrement d'embarras. Pour trois motifs, elle ne peut pas dire tout ce qui s'est passé entre les deux époux : 1º parce qu'elle n'a pas noté toutes les scènes qui ont eu lieu entre Zelmire et son mari « au grand scandale de tout Pétersbourg et de la Finlande » ; 2º parce qu'il est des scènes dont elle n'a été instruite qu'après un certain temps ; 3º parce que ces scènes, qui se répétaient constamment, l'ennuyaient, et qu'elle n'était pas « payée pour en tenir registre ». Mais cette « pancarte » nous fournit des renseignements curieux. C'est ainsi que nous apprenons que le gouverneur général de Finlande faisait de telles scènes à sa femme quand il avait du monde à sa table, « qu'on évitait comme peste d'aller dîner chez eux ». Et le duc de Brunswick ayant fait allusion au calme qui avait régné chez sa fille quelque temps avant la séparation définitive, la Tsarine répondit sur-le-champ : « Zelmire m'a juré que, depuis sept ans de mariage, elle n'a jamais, à tout compter ensemble, eu six semaines de calme ; encore en ai-je ajouté deux, car elle soutenait qu'il n'y en avait pas eu quatre. »

La Tsarine avait chargé Grimm de dire au duc de Brunswick qu'elle entendait ne pas se mêler directement des arrangements à intervenir, et qu'elle avait chargé son ministre à Francfort, le comte Roumiantsof, de recueillir les requêtes des Cours de Brunswick et de Wurtemberg. Mais tout en ne voulant pas être « juge » dans l'affaire, elle affirme à nouveau qu'elle ne livrera Zelmire que si le sort qui lui sera fait lui assure le repos, et réalise pour elle une véritable amélioration. Et elle ajoute : « C'est ce qui peut arriver de plus heureux au mari furieux. » En attendant la solution, Zelmire, dit-elle, « supporte dans sa solitude son malheur avec constance, courage et philosophie. » Elle y est même plus heureuse qu'elle ne l'a jamais été.

Un autre jour, Catherine écrira à Grimm ces lignes caractéristiques, qui nous prouvent que Zelmire n'était pas sans avoir des fautes — ou des faiblesses — à se reprocher : « Elle ne voit que les honnêtes et bonnes gens que j'ai placées auprès d'elle ; elle lit, elle travaille, elle se promène, elle fait de la musique et paraît se porter bien. Je suis devenue son idole. Son mari fait tout au monde pour la noircir partout : réellement elle aurait grand tort de ne pas adorer un monstre ; au bout du compte, ce dont il l'accuse ne serait qu'une faiblesse très humaine, au lieu que les torts du mari sont des abominations noires et criminelles. »

Nous avons tenu à citer ce fragment de lettre, parce qu'il est le seul où la Tsarine fasse allusion aux légèretés de sa protégée depuis qu'elle est arrivée en Russie. Nous nous doutions bien que la réputation qui avait précédé en Russie la princesse de Wurtemberg n'était pas imaginaire, et que sa coquetterie n'était pas sans lui avoir fait commettre quelques... oublis. Il n'y a donc pas lieu d'être surpris de ce quasi-aveu d'adultère. Il n'y a pas lieu, non plus, d'être surpris que Catherine appelle ces erreurs « une faiblesse très humaine » ; le XVIIIe siècle brillait par une singulière tolérance des mœurs, et surtout à la Cour de Russie où l'exemple venait de haut. N'est-il pas naturel que l'Impératrice n'attache qu'une importance sommaire à des bagatelles que son tempérament comprend si bien? Il y a là une *confraternité* qu'elle excuse pour les autres comme pour son propre compte.

Il n'y a donc pas à se dissimuler les manquements de la princesse de Wurtemberg vis-à-vis de son mari. Mais est-ce à dire que Catherine, pour blanchir sa petite protégée, se plut à noircir outre mesure le prince de Wurtemberg? Rien ne porte à faire cette supposition. Une coquetterie excessive était la marque principale du tempérament de Zelmire, mais la violence était celle du caractère de son mari. Il est incontestable que celui-ci roua sa femme de coups, et l'abreuva des pires outrages, soit qu'il l'eût prise — ce qui n'est pas prouvé — en flagrant délit d'adultère, soit qu'il n'eût à son sujet que des soupçons plus ou moins autorisés. Il est donc permis de réprouver sa conduite, même si l'on n'envisage pas les faiblesses de sa femme avec l'indulgence qu'y apporta l'auguste Souveraine du Nord.

On sait que l'Impératrice entretint toujours avec sa belle-fille des relations cordiales en apparence, en réalité correctes. Le scandale causé par la séparation du prince et de la princesse de Wurtemberg, et par le brusque renvoi du mari, ne les troubla que momentanément. Mais la Tsarine ne se fit pas d'illusions, sans doute, sur le degré d'affection que lui portait sa belle-fille. Elle ne s'en faisait aucune, d'ailleurs, sur le caractère et sur les visées des membres de la famille de Wurtemberg. Son parler, à cet égard, est d'une indépendance rare. Ainsi Zelmire lui a dit un jour des Wurtemberg : « Ils sont tous grands épouseurs ; j'en sais bien la raison, c'est qu'ils sont pauvres. » Catherine, qui sait combien le propos est vrai, s'empresse de le répéter à Grimm. Et elle y ajoute de son cru : « Puisque vous dites que la mère[1] ne s'aveugle sur aucun de ses enfants, lorsque vous la reverrez, tâchez donc de savoir si elle est au fait des iniquités de l'aîné des fils, du déshonneur et des chagrins qu'il a causés pendant quatre ans à sa sœur, et de l'ascendant que, malgré cela, il a sur sa sœur, qui le craint peut-être plus de près que de loin. » Si Grimm eut réellement l'intention de s'acquitter de la commission, il le put facilement, car quelques mois après il se rendit à Montbéliard, et le plus curieux de sa visite au duc et à la duchesse de Wurtemberg, c'est qu'il s'y rencontra avec le mari de Zelmire. Cette *circonstance* fait rire Catherine aux éclats, et elle s'écrie : « C'était réellement une scène à peindre! » En effet, d'autant que le duc de Brunswick avait eu l'ingénieuse idée de mettre son gendre au courant du rôle d'intermédiaire que Grimm tenait entre la Tsarine et lui! Catherine ne revient pas de cette confidence, et elle reproche au duc de Brunswick d'avoir fait là de la « comèrerie ». Nous savons qu'à l'aurore de la Révolution, et par haine des Jacobins, l'Impératrice se réconci-

1. La duchesse de Wurtemberg.

TARAKANOV.   14

liera avec le duc de Brunswick ; encore son admiration aura-telle des limites, et elle ne s'étonnera qu'à demi de ses défaites. Mais, en 1787, c'est par ces lignes caractéristiques qu'elle marque son estime pour lui [1] : « Si vous voulez que je vous dise vrai, j'avais meilleure opinion du seigneur beau-père que toute cette affaire ne me l'a fait connaître : il est faux et sans cœur, car, s'il en avait, comment traiter en ami intime le tyran de sa fille, et vis-à-vis de moi il en a agi avec *une duplicité* avec laquelle je n'avais pas lieu de m'attendre. »

Et ce n'est pas à la légère que la Tsarine porte cette accusation de « duplicité ». La « duplicité » du duc de Brunswick ressort clairement des documents. Au moment même où il priait l'Impératrice de donner à Zelmire de sages avis sur le choix de son sort futur, il envoyait à sa fille des émissaires chargés de l'intimider et de la contraindre à rejoindre son mari. C'est cette mauvaise foi dont Catherine déchira le voile. Mais pour la mettre en évidence il est nécessaire d'entrer dans quelques détails et d'exposer la situation des parties en présence.

1. Lettre à Grimm.

Nous avons dit que la Tsarine, en même temps qu'elle chargeait Grimm d'aplanir les voies et de peser sur les décisions du duc de Brunswick, avait fait partir un courrier destiné à faire connaître la situation au père de la jeune femme, et à lui notifier que sa fille attendrait au château de Lohde l'arrangement pris en sa faveur. Nous savons également que le duc de Brunswick avait ajouté pleine croyance aux propos de son gendre et s'était rangé à sa cause. A partir de ce moment s'engagea un échange de missives entre le duc de Brunswick et la Tsarine ; il y eut aussi des lettres échangées entre le duc et sa fille. Zelmire reçut-elle de ses parents de violents reproches, ou bien le duc de Brunswick ne procéda-t-il, auprès de sa fille, que par des allusions transparentes ? Peu importe. Toujours est-il que Zelmire se rendit compte immédiatement que ses parents — ou plutôt son père, car sa mère ne jouissait d'aucune influence — faisaient porter tous les torts sur elle. Et elle en conçut un vif chagrin.

D'autre part, le duc de Brunswick crut devoir remercier la Tsarine d'avoir protégé sa fille, et de lui avoir assuré une retraite digne de sa situation :

il le fit directement ; et aussi par l'intermédiaire de Grimm.

Telle était, au lendemain de la séparation, la situation respective des parties en présence. Était-il, dès lors, permis d'espérer une entente concernant le sort de Zelmire? Le duc de Brunswick exigeait que sa fille allât rejoindre son mari. Zelmire, sûre de l'appui de la Tsarine, se refusait obstinément à ce sacrifice, et avait déclaré qu'elle préférait rester en Russie. Quant à la Tsarine, elle avait laissé entendre qu'elle parviendrait peut-être à convaincre Zelmire de rejoindre ses parents, mais seulement s'ils renonçaient à l'obliger d'aller retrouver son mari. C'est, du moins, ce qui ressort très clairement d'une « pancarte » de Catherine à Grimm du 5 avril 1787. Et le mois suivant[1], la Tsarine revient à la charge, assurant que, dès son retour à Pétersbourg, elle s'emploiera à persuader Zelmire ; elle convient que ce sera difficile, car les reproches et les menaces que la pauvre femme a reçus l'ont « transie de peur et d'appréhension » ; or, il faut que ce soit de son plein

1. Lettre de Catherine à Grimm du 4 mai 1787.

gré qu'elle consente à quitter le château de Lohde ;
néanmoins, Catherine ne désespère pas de réussir
dans cette délicate négociation. Nous apprenons,
par cette même « pancarte » de la Souveraine à son
« souffre-douleur », que le prince de Wurtemberg
offrait de payer annuellement 7.000 florins pour
l'entretien de sa femme. Catherine ajoute, il est vrai,
que ces 7.000 florins ne seront jamais payés, attendu
que le prince a laissé en Russie une foule de créances
impayées et est couvert de dettes, ce qui fait que
l'unique revenu de Zelmire sera le produit d'une
maison que la Tsarine lui a donnée à Pétersbourg,
et que son mari a laissée tomber dans un tel état
d'abandon qu'il sera difficile de trouver un acquéreur.
Un accord sur ces bases était donc très difficile ;
cependant il pouvait être conclu.

Si aucun arrangement n'aboutit, sur qui doit-on
en faire peser la responsabilité? Est-ce sur Zelmire,
qui, résistant aux injonctions de son père, refusait
de rejoindre son mari? Est-ce sur le duc de Brunswick qui ne voulait pas démordre de ses exigences?
Il semble que le doute n'est pas possible à cet égard.
A la date du 5 mai 1787, la Tsarine s'étonne de

n'avoir rien reçu du duc de Brunswick depuis le mois de février. Voilà qui ne montre pas de la part de ce dernier un grand empressement à régler le sort de sa fille! Catherine croit qu'il la « boude un peu », parce qu'elle n'a pas « dégoisé » tout ce qu'elle savait sur le prince de Wurtemberg, et parce qu'elle a agi en toute cette affaire avec une « grande sagesse » et une « extrême prudence ». En effet, le duc de Brunswick boudait l'Impératrice parce qu'elle avait nettement pris parti pour Zelmire. Il est vrai qu'à ce moment les relations entre la Tsarine et le roi de Prusse n'étaient guère amicales ; et le duc de Brunswick avait pris une grande influence dans la politique de son pays. Il se peut donc que la politique ne fût pas absolument étrangère à l'attitude réciproque de l'Impératrice et du duc de Brunswick. Mais, quel qu'en soit le mobile, il est à noter que le père de Zelmire laissa pendant trois mois la Tsarine sans nouvelles concernant le sort qu'il voulait assurer à sa fille. On peut donc croire que c'est lui qui, en quelque sorte, avait voulu rompre les négociations.

Les négociations, cependant, n'étaient que suspendues. Et c'est le duc de Brunswick qui les reprit.

La Tsarine reçut une lettre vers le 15 mai, alors qu'elle se trouvait à Kherson. De l'avis de la Souveraine, cette lettre était « douce et raisonnable ». Si l'on songe que le duc de Brunswick avait mis ces trois mois à profit pour agir directement sur sa fille et pour essayer de l'intimider, on conviendra que ce fut sans doute parce qu'il n'avait rien gagné auprès d'elle qu'il se retourna vers la Tsarine.

Il voulut même rattraper le temps perdu, car, le 19 mai, la Tsarine, qui se trouvait à Baktchi-Séraï, ancienne résidence des Khans de Crimée, recevait une autre lettre de lui. « Papa de Brunswick », ainsi qu'elle l'écrit deux jours après à Grimm, lui a fait parvenir une copie des conditions qu'il a arrêtées au sujet de sa fille. Le duc a envoyé l'original à sa fille, pour qu'elle le signe, et il prie la Tsarine de donner sur ce point de sages avis à Zelmire. La Tsarine relève vertement ce procédé : « Mais quand on a tout réglé, écrit-elle à Grimm, et qu'on envoie à signer, qu'est-ce qu'il y a à conseiller ? Je suis en Tauride, Zelmire à Lohde ; il faudra au moins encore un mois pour nous concerter. » Aussi, avec le sens pratique qui lui est habituel, Catherine prend le bon parti : elle attendra que Zelmire lui ait dit « à cœur ouvert » ce qu'elle pense des dispositions prises à son égard, pour émettre un conseil. Elle prévoit, d'ailleurs, ce que sera la réponse de Zelmire. La malheureuse femme sait que son mari ne lui donnera pas un sou, et que son père n'est pas disposé à lui faire la pension promise ; elle serait, dès lors, bien sotte de retourner en Allemagne pour n'y rien avoir, quand en Russie elle a tout ce qu'elle peut souhaiter. Et Catherine avoue qu'elle sera bien dans l'embarras pour donner un avis à Zelmire, « car, enfin, dit-elle, mourir de faim quand on n'est pas mort de chagrin, est un sort bien triste et désagréable ». La Tsarine s'inquiète même de la santé de sa protégée qui lui a « toujours paru poitrinaire ».

La réponse de Zelmire fut conforme à ce qu'avait prévu l'Impératrice. Persuadée que le prince de Wurtemberg ne lui donnera rien pour son entretien, qu'elle sera à la charge de ses parents, que ceux-ci la persécuteront pour qu'elle retourne avec son mari, et qu'elle ne sera pas en sûreté avec lui, elle rejeta sans hésiter les propositions qui lui étaient soumises, et déclara qu'elle resterait là où elle se trouvait

Catherine fit connaître aussitôt [1] à Grimm les résolu-
tions de sa protégée en leur donnant son approbation.
Certes, ajoute Catherine, Zelmire vit à Lohde « très
petitement », mais « à l'abri de toutes persécutions
et dans une fort grande tranquillité ». A son avis, la
princesse de Wurtemberg devra se contenter de
cette petite destinée. La Tsarine, qui s'est employée
jusque-là pour que Zelmire rentrât en Allemagne,
estime désormais que la malheureuse femme n'a plus
qu'à refuser des conditions qui ne lui assurent aucun
repos.

Mais, pour bien marquer la « duplicité » du duc
de Brunswick, il est précieux de connaître comment
il avait fait parvenir à sa fille l'arrangement qu'elle
avait reçu ordre de signer. C'est un nommé Schrœder
qui avait été chargé d'apporter à Zelmire la lettre
et les instructions de son père. On sait que Pohlmann
faisait bonne garde. L'émissaire du duc de Brunswick ne fut pas admis auprès de Zelmire. « Imaginez-
vous, écrit la Tsarine à Grimm, que tandis que le
père expédie ce Schrœder à Lohde avec une lettre
fulminante à sa fille, dans laquelle il lui *ordonne* de

1 Lettre de Catherine à Grimm du 13 septembre 1787.

signer en présence de Schrœder des points très peu favorables à sa fille, il m'écrit, à moi, une lettre à Kiev, par laquelle il me prie de la conseiller. Cela s'appelle, selon moi, se moquer des gens. Il ordonne à sa fille de signer à Lohde, tandis que je suis à mille et plus de verstes, et moi il me prie de la conseiller : ou bien elle signera sans mon conseil, ou bien elle désobéira et me consultera ; et moi qui ne sais rien des ordres qu'elle a reçus, je conseillerai. Mais à bon chat bon rat. Schrœder n'a point vu Zelmire. »

Voilà qui fait suffisamment ressortir la « duplicité » du duc de Brunswick! Aussi comprenons-nous la Tsarine écrivant que « le papa et le mari » sont absolument d'accord, et que le duc « n'en agit pas avec une loyauté naturelle à un grand caractère ». Il n'avait fallu rien moins que la finesse et le coup d'œil de la Tsarine pour déjouer un plan aussi habilement combiné! Mais Catherine était d'un tempérament à relever ce manque de franchise ; elle n'y manqua pas et fit sentir au duc de Brunswick qu'elle n'était pas sa dupe. Et le duc se tira assez mal d'affaire en glissant « sur cet article ».

C'est au moment où elle se plaint de la conduite du duc de Brunswick que la Tsarine nous donne quelques renseignements sur la vie intime de la princesse de Wurtemberg dans sa retraite de Lohde. Nous sommes trop peu initiés aux détails de l'existence de Zelmire, pour ne pas recueillir précieusement ces lignes : « Elle est douce comme un agneau à Lohde, et elle se fait adorer du peu de monde qui l'entoure. Pohlmann est devenu son ami ; Mme Wilde aussi ; ses gens ne jurent que par elle ; elle lit ou travaille, ou fait de la musique, ou se promène ; avec cela elle est courageuse et ferme. » Et la Souveraine ajoute une nouvelle fois : « Zelmire n'ayant que moi au monde, je jure entre vos mains que je ne l'abandonnerai pas. » Ce langage ne respire-t-il pas la sincérité la plus complète ? Et est-il permis de douter de la pureté des sentiments de la Tsarine ?

Grâce à Khrapovitski et au baron de Budberg, il est possible de reconstituer d'autres détails de la vie de Zelmire, qui, placée sous la direction plutôt que sous la surveillance de Pohlmann, jouissait à Lohde d'une liberté à peu près complète. Le *Journal* de

Khrapovitski[1] constitue un document d'une sérieuse authenticité. Or, le secrétaire intime de l'Impératrice est très explicite sur la constante sollicitude de Catherine à l'égard de Zelmire. Est-il vrai que celle-ci aimait beaucoup la lecture? L'Impératrice l'affirme ; et cela paraît assez probable, car de temps en temps la Tsarine lui envoie des livres. Un jour qu'elle lui fait un envoi elle dit à Khrapovitski, qui le consigne aussitôt dans son *Journal* : « La princesse aime la lecture ; elle passe son temps avec Pohlmann et sa famille ; s'il n'était pas âgé de soixante ans, on pourrait le tenir pour son amant. » Khrapovitski ne répondit rien au propos de sa Souveraine. Celle-ci voulait sans doute connaître le sentiment de son secrétaire, ou plutôt savoir par son organe ce que pensait le public, car elle ajouta aussitôt : « Au fait, n'a-t-on pas parlé de cela? » Khrapovitski, avec une prudence de scribe qui tient à son emploi, répondit qu'il n'en avait rien entendu dire. Mais ce propos de la Tsarine elle-même n'est-il pas suffisamment clair? Pohlmann, il est vrai, avait soixante ans ; mais

1. *Journal de Khrapovitski* (1782-1753). Édition de Barsoukof, 1874, Saint-Pétersbourg. Un volume in-8°

les portraits du temps le représentent comme un homme d'une belle prestance. Dans l'isolement du château de Lohde et le vide d'une vie si peu ensoleillée, les instincts de coquetterie de Zelmire ne pouvaient guère se satisfaire. Pohlmann joua sans doute auprès d'elle le rôle de *faute de mieux*.

Si nous en croyons, cependant, le baron de Budberg, un certain nombre de personnes fréquentaient assidûment le château de Lohde, et la princesse avait grand plaisir à recevoir quelques visites. C'était, d'abord, le pasteur Dahl, qui habitait tout près du château ; puis, deux officiers, une dame du nom de Sander, et un Français, le sieur Romain, ainsi que sa femme. Et si l'on en croit la tradition qui s'est conservée dans le pays, la jeune princesse, qui aimait beaucoup la danse, organisait de loin en loin quelques soirées dansantes au château ; et les principaux membres de la noblesse des alentours se rendaient à ces réunions.

Deux mois après le rejet des dispositions que le duc de Brunswick avait voulu faire signer à sa fille, la Tsarine, qui ne voulait pas que Zelmire revînt à

Saint-Pétersbourg, sans doute à cause du bruit que sa présence y ferait et des embarras qu'elle susciterait au grand-duc et à la grande-duchesse, prit des arrangements pour son établissement définitif en Russie. Elle décida que la malheureuse femme habiterait Reval pendant l'hiver et le château de Lohde pendant la belle saison.

C'est ainsi que Catherine se débarrassa du duc de Brunswick et de son cher gendre. Et c'est ainsi qu'elle fut amenée à assurer un sort définitif à la jeune princesse de Wurtemberg.

V

Mais il n'est pas sans intérêt d'indiquer ce qu'était devenu le prince de Wurtemberg.

Nous savons qu'en décembre 1786 la Tsarine lui avait signifié un congé d'un an, et lui avait déclaré qu'elle ne verrait aucun inconvénient à ce qu'il donnât sa démission. Loin d'accéder au désir de la Souveraine, « Don Féroce de Montbéliard » — c'est ainsi qu'elle l'avait baptisé — persista à conserver son grade dans l'armée russe, et, durant l'été de 1787, il sollicita un commandement dans la guerre contre les Turcs. Il faut croire qu'il tenait plus à ce commandement qu'à sa femme, car il écrivit plusieurs fois à ce sujet à la Tsarine. Celle-ci ne répondit pas à une première missive ; à un second appel elle répondit que, les « circonstances » qui l'avaient éloigné de Russie subsistant toujours, elle ne pouvait se rendre à son désir. Le prince de Wurtemberg, après avoir montré de la ténacité, fit preuve de mauvaise humeur : il manda à l'Impératrice qu'il prenait son congé ; celle-ci, aussitôt, donna l'ordre de ne plus le compter au service de l'Empire. Et de son style pittoresque, elle en informe Grimm : « J'ai dit : *nego*, je ne veux pas. » Zelmire se réjouit beaucoup de ce refus ; elle écrivit à sa protectrice « qu'à cent lieues d'elle elle *le* croirait toujours encore trop près ». C'est du 29 septembre 1787 qu'est la lettre de Zelmire. A ce moment-là Zelmire se plaît infiniment en Esthonie ; elle est plus que jamais résolue à y rester : « Et elle fait très bien », ajoute l'Impératrice.

Ces lettres du prince de Wurtemberg à la Tsarine, au moment où il voulait reprendre du service en Russie, sont au nombre de trois[1]. La première, avons-nous dit, resta sans réponse ; sans être écrite sur le ton d'humilité qui convenait à un solliciteur

1. Comme celles publiées plus haut, c'est au *Recueil de la Société impériale historique russe* que nous empruntons les lettres du prince de Wurtemberg et aussi celles de sa sœur la grande-duchesse Marie Féodorovna.

éconduit, elle contenait force promesses de dévouement ; dans la seconde, le prince de Wurtemberg
le prit sur un ton sinon assez aigre, du moins pres-
sant. C'est dans sa troisième lettre qu'il envoya sa
démission, — au grand contentement de la Souveraine : « Après le malheur de voir que mes fidèles
services n'ont plus le bonheur d'être agréés par
Votre Majesté impériale, je me vois dans la nécessité
de la supplier d'en recevoir ici ma démission très
humble. Peut-être n'est-ce pas trop me flatter que
d'espérer que quelque jour Votre Majesté impériale
daignera se convaincre que, dans le nombre de ses
serviteurs, aucun ne saurait surpasser en zèle et en
fidélité celui qui a l'honneur de se dire... » Le prince
de Wurtemberg fut informé par le comte Pouchkine
que sa démission avait été acceptée sans que l'Impératrice eût jugé à propos d'y joindre « la grâce d'un
congé signé de sa main, faveur qui eût un peu adouci
sa situation ».

La grande-duchesse prit aussitôt en main les intérêts de son frère ; et il n'est pas inutile de montrer
avec quelle résolution elle s'en acquitta ; mais la
chaleur de son intervention ne réussit pas à ébranler

l'Impératrice. La lettre de Marie Féodorovna était très douce et très tendre : « J'avoue que je ne prévoyais pas un si grand malheur, et que j'en suis péniblement affectée. Mon frère a rendu pendant cinq ans des services comme fidèle sujet, et vous lui refusez, ma très chère mère, une faveur dont on ne prive que les criminels. Pour l'amour de Dieu, Madame, si j'ai les moindres droits à vos bontés, dirai-je à votre tendresse, épargnez ce déshonneur à mon malheureux frère. Sans quoi vous précipiterez mon vieux père dans la tombe, — un vieillard de près de soixante ans et qui ne survivra pas à ce coup. — Je me mets aux pieds de Sa Majesté. Mon cœur me dit qu'une mère, celle que j'adore comme mère et impératrice, m'accordera cette nouvelle preuve de sa justice et de sa bonté. »

L'Impératrice répondit : « Chère fille, j'ai reçu de votre frère trois lettres qui sont écrites dans un ton auquel je ne suis pas habituée. J'ai estimé superflu de répondre à la première ; à propos de la seconde, j'ai exprimé mon opinion ; il voulait retourner ici et je ne pouvais donner mon assentiment ; dans la troisième il demandait sa démission et je donnai des instructions en conséquence. Vous voyez vous-même qu'il n'était pas admissible d'agir autrement en pareille occurrence. Je considère vos parents comme trop sensés pour approuver la conduite de leur fils. »

Mais la grande-duchesse était tenace dans ses affections de famille ; elle écrivit de nouveau à la Tsarine : « Suivez, pour l'amour de Dieu, les penchants de votre cœur ; songez au malheur de mes parents ; évitez-leur et à moi cette honte ; je vous implore à genoux. »

Catherine II, inflexible, lui fit cette brève réponse : « Je veux bien croire, ma chère fille, que vous n'avez pas pesé la valeur des termes des lettres que votre frère m'a adressées ; il est impossible que je me sois trompée à ce sujet. En me référant à ce que je vous ai mandé, je vous embrasse. »

Marie Féodorovna ne se tint pas pour battue ; elle insista encore une fois, et adressa à sa Souveraine ce dernier et puissant appel : « Ma très chère mère, lorsque j'ai eu l'honneur de vous faire ma cour aujourd'hui, j'ai été tentée mille fois de m'approcher de vous, de vous baiser la main et de vous faire lire

dans mes yeux le désir de mon cœur ; la crainte de
ne pouvoir retenir mes larmes m'en a empêchée ;
mais, ma très chère mère, revenue chez moi, je n'ai
eu rien de plus pressé que de prendre la plume à
la main, de la faire conduire par mon cœur, et de
vous rendre ses sentiments. Si j'ose encore une fois
vous supplier de m'accorder la faveur en question,
daignez, ma très chère mère, ne voir dans cette
action qu'un excès de confiance en vos bontés, en
votre indulgence. Je vous demande cette faveur à
genoux, au nom de vos bontés, de votre générosité,
au nom de mes parents ; je me préparais à leur donner
ce bouquet pour leur fête ; je me réjouissais de les
voir pénétrés de reconnaissance, pour vous déposer,
à vos pieds, leur gratitude et leurs hommages. Par
le plaisir que vous ressentez, ma très chère mère, à
faire des heureux, jugez de celui que je me préparais
à en faire à mes parents, et de ma peine en ce moment.
Mais vous la changerez en satisfaction : mon cœur
me le prédit. Voyez-moi à vos pieds, vous en con-
jurer, vous en supplier, et permettez-moi, en vous
embrassant mille fois les genoux, de me nommer
avec le plus profond respect et la soumission la plus

parfaite... » Et le grand-duc Paul joignit cette apos-
tille à la supplique de sa femme : « Je prends la
liberté, ma bien chère mère, de joindre mes prières
à celles de ma femme, avec pleine confiance dans vos
bontés pour nous, bontés que nous ne désirons que
mériter. »

La Tsarine mit fin à l'incident par ces mots :
« J'aurais voulu avoir un défenseur aussi ardent que
vous l'êtes, alors que vous défendez une mauvaise
cause. Lorsque quelqu'un, après s'être déloyalement
comporté, après avoir eu une conduite horrible, écrit
arrogamment qu'il prend son congé, le bon sens,
ce me semble, paraît dicter qu'il est bon de lui faire
sentir *qu'il en peut être privé* et combien ce procédé
est incorrect. Les parents me donneront raison ;
aucun effet sans cause. Je n'ai donné aucun prétexte ;
on ne peut rien me reprocher. »

Nous voilà donc fixés sur ce qui advint en 1787 du
futur roi de Wurtemberg, ainsi que sur les motifs
qui amenèrent sa femme à ne pas quitter la Russie.

Comme on pense, si le duc et la duchesse de Brunswick furent médiocrement satisfaits de la résistance
de leur fille, le grand-duc et la grande-duchesse le

furent tout aussi peu de l'inflexible sévérité de l'Impératrice. Les parents de l'infortunée princesse ne manifestèrent, cependant, aucun mécontentement. Le duc de Brunswick chargea Grimm de remercier la Tsarine des conseils qu'elle avait donnés à sa fille, et de l'appui qu'elle lui avait prêté. Catherine dut bien rire de ces remerciements! Aussi, le 28 décembre 1787, répondit-elle à Grimm : « Puisque papa et maman de Zelmire sont fort contents, je puis l'être aussi. » Grimm ajouta ses compliments personnels à ceux du duc de Brunswick. Ils étaient sans doute plus sincères. Grimm, ayant connu Pohlmann lorsqu'il était allé à Pétersbourg, félicita même sa Souveraine d'avoir confié Zelmire à des mains aussi sûres, capables de faire échouer « les manigances du papa et du mari »!

VI

Pour compléter le tableau des relations de la Tsarine et de la princesse de Wurtemberg, il serait
nécessaire de retracer les péripéties de la mort de
cette dernière. Mais la correspondance de l'Impératrice, presque muette sur ce point, ne permet pas
de le faire. Serait-ce que la Tsarine ne voulut pas
s'expliquer sur la catastrophe du château de Lohde?
Catherine ne fait que quelques rapides allusions à la
mort de Zelmire. Il est possible, cependant, de satisfaire notre curiosité dans quelque mesure, grâce à
d'autres documents authentiques, — parmi lesquels
le *Journal* de Khrapovitski.

Grimm, naturellement, ne fut pas sans demander
à sa Souveraine des renseignements sur la mort de

sa protégée. Nous ignorons dans quels termes il le fit. Nous ne possédons, en effet, aucune lettre de lui entre le 1er décembre 1787 et le 1er août 1790. Il semble, au contraire, que toutes les « pancartes » de la Souveraine aient été retrouvées et publiées ; ou, plutôt, il ne s'y trouve que peu de vides. Il n'existe d'elle, il est vrai, datant des trois derniers mois de 1788, que quatre lettres à Grimm, et il n'est question dans aucune de la catastrophe de Lohde.

Nous pourrions nous étonner qu'à un moment où la correspondance était assez régulière et fournie, Catherine n'ait écrit en cet espace de temps que quatre lettres à son « souffre-douleur » ; et encore deux d'entre elles ne sont que de courts billets. Mais il y a lieu de remarquer que, des deux « pancartes » vraiment dignes de ce nom, l'une est consacrée au récit de la lutte que la Tsarine soutenait contre la Suède, lutte qui préoccupait singulièrement la Souveraine ; et l'autre, du 17 décembre 1788, donne la vue de l'assaut et de la prise d'Otchakof, — car c'est aussi le moment de la nouvelle campagne de la Russie contre les Turcs. — Il n'est donc pas très surprenant que la Tsarine ait été absorbée par des événements aussi graves pour la destinée de son Empire. Nous savons, cependant, que Catherine trouvait toujours le temps d'écrire à son « souffre-douleur », et de l'entretenir des objets les plus insignifiants. S'il n'est donc pas étrange que la Tsarine n'ait écrit que quatre fois à Grimm durant les trois derniers mois de l'année 1788, son silence sur la fin énigmatique d'une malheureuse femme dont les deux correspondants s'entretenaient régulièrement, et à laquelle ils portaient un égal intérêt, n'en reste pas moins assez singulier.

Certes, dans les lettres qui suivront, la Tsarine ne se taira pas absolument sur Zelmire ; et il est facile d'y voir qu'elle n'a pas varié de sentiment sur son ancienne protégée. Mais elle revient rarement sur ce sujet, soit qu'il lui soit pénible, soit plutôt que Zelmire, ayant disparu, ait été aussitôt oubliée ; sa pensée se porte de préférence sur l'actualité qui la préoccupe. Dans une lettre du 27 janvier 1789, cependant, Catherine parlera de Zelmire à son « souffre-douleur » ; mais elle ne dira pas un mot de sa mort. Elle se borne à rééditer ce que nous savons déjà : à savoir que les parents de Zelmire ont eu à

son égard, comme à l'égard de leur fille, une conduite « bien fausse et bien inconsidérée » ; à savoir
que le duc de Brunswick était absolument d'accord
avec le prince de Wurtemberg, et que c'est à cause
de cette entente que la malheureuse femme n'a pas
eu plus de confiance dans les promesses de l'un que
dans celles de l'autre ; à savoir que Zelmire « ne
manquait pas d'esprit et de fermeté », qu'elle avait
« sa petite tête à elle », que sa volonté était « de vivre
parfaitement indépendante », et enfin qu'à Lohde
« elle avait gagné tout ce qui l'entourait ».

Mais de la mort de sa petite amie, pas le moindre
détail. L'année 1789, il est vrai, est une des années
les moins touffues de la correspondance de Catherine : ses « pancartes » à Grimm ne sont qu'au nombre
d'une demi-douzaine, et encore certaines n'ont pas
le développement habituel. Mais Grimm l'a sûrement questionnée, car, le 24 janvier 1790, elle lui
écrit : « Eh ! que pourrais-je dire, sinon que Zelmire
est morte ! J'ai envoyé à son père une copie de la
lettre que Pohlmann m'a écrite. M. de Féronce (sic)
a demandé à factotum l'avis des médecins ou leur
description de cette mort. D'abord factotum a

envoyé à Lohde. Le médecin a dit que Zelmire l'a envoyé chercher plusieurs fois pour le consulter sur sa santé, qu'il lui a fait des remèdes pour la maladie dont elle est morte et qu'au moment de sa mort il était absent ; qu'on l'envoya chercher, mais qu'il la trouva morte, car elle n'a été malade que quelques heures. A présent papa ferait bien de tâcher de sauver pour ses petits-fils le peu de bien qu'a laissé Zelmire, c'est-à-dire 40 à 50.000 roubles et ses bijoux. Le brutal demande cela entre ses mains et les enfants n'en verront pas un brin, s'il s'en empare, car c'est un sac percé qui est endetté jusqu'aux oreilles. »

Si nous en croyons Catherine, Zelmire mourut donc de mort naturelle, et aucun médecin ne put assister à ses derniers moments. Celui qui lui avait précédemment donné des soins se trouvait absent au moment où il fut appelé et ne put pas arriver avant la fin de la crise qui l'emporta après quelques heures de souffrances.

Nous sommes obligés de nous en tenir à ces renseignements sommaires. Ils concordent, d'ailleurs, avec ceux que Khrapovitski a consignés dans son *Journal* :

Nous savons que c'est le 2 septembre 1788 que mourut la princesse de Wurtemberg. Il fut besoin de quelques jours pour que la nouvelle arrivât à Saint-Pétersbourg. Khrapovitski relate le fait à la date du 21 septembre. Il raconte qu'après dîner l'Impératrice le fit mander et le chargea d'aller annoncer la mort de Zelmire au comte Bezborodko. La Tsarine lui dit que Zelmire avait succombé, « par suite de l'irrégularité de certaines fonctions », à un mal dont elle avait souffert auparavant. Et Khrapo-vitski ajoute que l'Impératrice s'écria : « Quel dommage! » Le fidèle secrétaire se borna à répondre : « En effet, vous étiez son seul soutien. »

Ce « quel dommage »! est la seule indication que nous possédions de l'effet que produisit sur Cathe-rine II la mort soudaine de sa petite amie. L'oraison funèbre est passablement laconique. Mais il ne faut pas s'en étonner outre mesure, quand on sait com-bien peu les questions de sentiments entraient dans les préoccupations de la Souveraine. Au contraire, la nature essentiellement positive de la Tsarine res-sort des mesures qu'elle prit aussitôt après la mort de Zelmire : elle fit mettre les scellés sur ses bijoux d'une valeur de 20.000 roubles environ, et elle écrivit immédiatement à Pohlmann pour lui demander de plus amples renseignements.

Ce qui est le plus étrange dans cet incident, c'est le retard de Pohlmann à prévenir sa Souveraine de la mort de celle qui lui avait été confiée. Le courrier chargé d'annoncer le décès n'arriva à Pétersbourg que le 21 septembre, c'est-à-dire dix-neuf jours après l'événement fatal. Il faut faire évidemment la part des difficultés des communications au XVIIIe siècle et de la lenteur des courriers ; ainsi, c'est le 23 septembre que l'Impératrice prévint le duc et la duchesse de Brunswick de la mort de leur fille, et elle ne reçut leur réponse qu'en novembre. Néanmoins, la distance entre le château de Lohde et Saint-Pétersbourg pouvait être franchie par un courrier diligent en moins de dix-neuf jours. Ce qui le prouve, c'est que le décès de la princesse de Wurtemberg fut connu à Pétersbourg avant l'arrivée du courrier chargé de l'annoncer. Et ce retard de Pohlmann parut étrange même à l'Impératrice ! Elle en manifesta sa surprise à Khrapovitski qui consigna le fait dans son *Journal*.

Il serait donc permis de se demander si Pohlmann avait quelque intérêt à cacher la mort de la jeune princesse, ou du moins à en retarder la nouvelle. Et puisque nous savons que la Tsarine croyait à des relations entre Pohlmann et Zelmire, il serait également permis de se demander si elle ne crut pas à quelque lien entre cette liaison amoureuse et cette fin si imprévue. On serait presque porté à croire qu'il s'agit de couches malheureuses, quand elle nous dit que Zelmire ne fut « malade que quelques heures ». Et cette supposition serait plutôt confirmée que contredite par Khrapovitski, quand il rapporte, d'après sa Souveraine, et dans un langage qui veut être énigmatique, que Zelmire avait succombé à un mal dont elle avait souffert auparavant, et « par suite de l'irrégularité de certaines fonctions ». Il importe de ne pas oublier, en effet, que Zelmire avait plusieurs enfants.

Quoi qu'il en soit, il n'est pas possible de se prononcer à cet égard.

Le seul document positif que nous possédions est l'affirmation de l'Impératrice déclarant que la jeune princesse mourut de mort naturelle. Mais il est à

remarquer que son dire est l'écho de celui de Pohlmann par qui elle est renseignée. D'ailleurs, qui dit :
couches malheureuses, entend dire : *mort naturelle*.
Et c'est peut-être dans cette hypothèse, qui n'est
contredite par aucun document, qu'il faudrait trouver
l'explication de la catastrophe du château de Lohde.
Cette version paraît certainement la plus vraisemblable.

Il ne semble pas, du reste, que le duc et la duchesse
de Brunswick aient jamais cru à la possibilité d'une
mort violente. Ils se bornèrent à demander des
détails sur la maladie et sur la mort de leur fille ; et
il est probable que la Tsarine ne put guère les satisfaire. L'année suivante, en 1789, le prince Poutiatine,
envoyé en mission à Brunswick par Catherine II,
reçut du duc et de la duchesse l'accueil le plus
empressé. La duchesse lui exprima sa vive gratitude
pour l'affection que la Tsarine n'avait jamais cessé
de témoigner à Zelmire, et elle émit l'avis que Dieu
avait voulu rappeler sa fille à lui pour mettre un
terme à ses souffrances.

Mais s'il n'est pas possible de lever le voile qui
couvre le mystère du château de Lohde, et de déter-

miner d'une façon absolument certaine de quelle façon fut emportée la princesse Frédéric de Wurtemberg, est-il permis d'admettre que ce fut la Tsarine — dans un but que l'on ignore et qu'il n'est même pas possible de soupçonner — qui la fit assassiner ou empoisonner? Après le tableau que nous venons de tracer des relations de Catherine avec *sa* Zelmire, une telle supposition ne saurait être admise ; après avoir constaté quels sincères sentiments de pitié Zelmire inspira à l'Impératrice, et combien celle-ci mit de zèle à lui offrir son plus chaud appui, il n'est pas possible de voir la main de la Souveraine dans cette mort prématurée. Pourquoi présumer, en effet, que l'assassin de Zelmire pût être sa protectrice? Poser la question, c'est la résoudre. Le récit des relations de Zelmire avec Catherine II réduit à néant les racontars des historiens à sensation.

Ce qui se dégage de tous ces documents, c'est qu'on ne doit prêter qu'une confiance limitée aux récits fantaisistes de la mort de la princesse de Wurtemberg. Certes, la version qui rendrait Pohlmann, devenu l'amant de Zelmire, responsable de sa fin tragique, n'est pas impossible. Mais si la critique

peut s'arrêter à cette hypothèse, elle doit aussi
émettre des doutes. Aussi est-ce à l'hypothèse d'une
mort naturelle qu'il est plus logique de s'arrêter ; et
cela, qu'il y ait eu *couches* ou qu'il n'y en ait pas eu.
Quant à la grande Impératrice, elle sort entièrement
indemne d'un procès dressé contre elle ; elle est
évidemment étrangère à la mort d'une princesse à
laquelle elle avait voué, au contraire, une réelle sollicitude et une affection sincère.

Et il n'est pas inutile d'ajouter que cet incident
n'est pas de nature à jeter un jour très brillant sur le
caractère, sur le tempérament et sur les mœurs de
certains membres des familles de Brunswick et de
Wurtemberg.

Il se peut que les archives de Brunswick et de
Stuttgart possèdent d'autres documents sur la vie
et la fin de la jeune princesse de Wurtemberg. Quant
aux archives de Reval, elles ne possèdent que l'original de l'acte de transfert du corps de la princesse
dans l'église de Goldenbeck, non loin de Lohde, et
l'inventaire des menus objets qui avaient appartenu
à la défunte. Nous savons, il est vrai, qu'au mois de
décembre 1819 le cercueil fut ouvert et le cadavre

examiné. Un menuisier, auquel on eut recours, prêta serment de ne jamais révéler ce qu'il avait vu. Le procès-verbal de cette opération, qui a été conservé, constate que le cercueil se trouvait en mauvais état, qu'il en était de même des restes de la défunte, et qu'il n'y avait aucune trace de cadavre d'enfant.

Nous faisons des vœux pour que de nouveaux documents viennent éclairer les longues avenues de ce drame mystérieux.

CONCLUSION

LA PRÉTENDANTE TARAKANOV ET ZELMIRE

L'épisode de la Tarakanov permet d'établir la *sécurité* des prisons de la grande Impératrice !

Ceux et celles qui en avaient franchi le seuil devaient perdre le fol espoir de revoir la lumière... de la liberté.

La Tsarine était même l'objet de soupçons plus ou moins justifiés à propos de ceux ou celles auxquels elle avait accordé sa protection. La fin mystérieuse de sa petite amie Zelmire est bien faite pour jeter le trouble dans les esprits.

BIBLIOGRAPHIE

———

DOCUMENTS ET OUVRAGES CONSULTÉS :

Documents inédits :

Correspondance politique aux archives du Ministère des Affaires étrangères de France. (Fonds de Russie. Nombreux tomes. Années 1762 à 1775).

Mémoires et Documents aux Archives du Ministère des Affaires Étrangères de France. (Mémoires et Documents. Tomes 9, 11, 12 et 20 à 25).

Ouvrages publiés :

Archives des Comtes Panine. (Éditées par Alexandre Brückner. (en russe). (sept vol. in-4° de 1888 à 1892).

BILBASSOF (Le professeur) : *L'Impératrice Catherine II.* (En allemand). Berlin, 1891. 2 vol. in-8°.

BLUN (Karl Ludwig). *Mémoires.* Heidelberg, 1857-1858. 4 vol. in-8°.

BRUCKNER (Le professeur Alexandre) : *Histoire de Catherine II* (en allemand). Un vol. in-8°. 1896.

BRUCKNER (Alexandre) : *Etude spéciale de la Princesse de Wur-temberg née Augusta de Brunswick*. 1890.

BUDBERG (Le baron de) : *Une brochure sur la dame du château de Lohde*. Leipzig.

CASTÉRA : *Histoire de Catherine II*. Paris, an VIII. 3 vol. in-8°.

CATHERINE II : *Mémoires*. Londres, 1859. Un vol. in-8°. (Introduct'on de Herzen).

CHALLEMEL-LACOUR : *La princesse Tarakanov*. (Revue des Deux-Mondes, 1869).

La Cour de Russie il y a cent ans (1725-1783). (Extraits des Dépêches des Ambassadeurs anglais et français). (Berlin, un vol. in-8°, 1860).

DANILEWSKI (Grégoire). *La princesse Tarakanov*. (Préface d'Arsène Houssaye). Un vol. in-12. Paris, 1888.

DASCHKOF (La comtesse) : *Mémoires*. 4 volumes in-16. 1859.

DOLGOROUKOV (prince Pierre). *Mémoires*. 1867-1871. Genève. 2 vol. in-8°.

GALITZINE (Prince) : *Mémoires*. Un volume.

GARNOVSKY : *Mémoires*. (L'antiquité russe, 1876, tomes 15 et 16).

GRIMM : *Correspondance de Catherine II et de Melchior Grimm*. — Recueil de la société d'histoire russe. Tomes XXIII et XLIV. Publiée par l'académicien Grot.

GRIMM, DIDEROT et MEISTER : *Correspondance générale*, publiée par Maurice Tourneux. Paris, 1882. 16 vol. in-8°.

HAUMANT (Émile), professeur à la Sorbonne : *La Russie au XVIIIe siècle*. 1905. Paris, un vol. in-8°.

HAUMANT (Émile), professeur à la Sorbonne : *La Culture française en Russie (1700 à 1900).* Un vol. grand in-8º.

HELBIG : *Les favoris russes.* Stuttgart. Un vol. in-8º.

HELBIG : *Russ Günstlinge.* 1809. Tubingen (en allemand). Un vol. (page 251).

KRAPOVITZKY *(Journal).* 1782-1793. Edition Barsoukof, 1874. Un vol. in-8º, Saint-Pétersbourg.

JAUFFRET : *Catherine II et son règne.* 2 vol. in-8º.

MASSON : *Mémoires secrets sur la Russie.* 1802. Londres. 3 vol. in-8º.

MELNIKOV-PETCHERSKI : *Œuvres.* Édition Marks. 6 vol. (Tome VI : page 149).

PETRI : *Tableaux de l'Esthlande et de la Livonie sous Catherine II.* Leipzig, 2 vol. in-8º, 1809.

PINGAUD (Léonce) : *Les Français en Russie et les Russes en France.* Paris, 1886. Un vol. in-8º.

Recueil de la Société d'Histoire russe : 140 beaux volumes in-4º. Saint-Pétersbourg. En particulier : tome 27 page 218 : Lettre de Catherine II à Potemkine. — Page 344 : Lettre de Catherine II à sa belle-fille, la grande-duchesse Marie Féodorovna. — Correspondance de la Tsarine et du prince de Wurtemberg.

Recueil des Instructions données aux Ambassadeurs et Ministres de France en Russie. (Publié par Alfred Rambaud. Paris, 1890, 2 vol. grand in-8º).

La *Rousskaia-Starina* : (Étude de Martynov. Tome V, page 87).

La *Rousskaia-Bessiéda* : (nº 6, 1899).

Le *Rousski-Viestnik* : (nº 24, article de M. N. Longuinov).

Le *Rousski-Archiv.* : (nº 1 de 1907).

RULHIÈRE : *Histoire ou anecdotes sur la Révolution de Russie en 1762.* Paris, 1797. Un vol. in-8º.

SABATIER DE CABRES : *Catherine II. Sa cour et la Russie en 1772.* (Berlin, 1861. Une brochure in-8º).

SAINT-JEAN (secrétaire du maréchal Potemkine) : *Vie du prince de Tauride.* Un vol. in-8º.

SCHÉRER (Edmond) : *Melchior Grimm. (L'homme de lettres Le factotum. Le diplomate).* Paris, 1887. Un vol. in-8º.

SÉGUR (Le comte de) : *Mémoires.* 3 vol. in-8º, Paris, 1827.

SOLOVIEV : *Histoire de Russie.* Un vol. in-8º.

VANDAL (Albert), de l'Académie française : *Louis XV et Elisabeth de Russie.* Un vol. grand in-8º.

VANDAL (Albert), de l'Académie française : *Napoléon et Alexandre I*or. 2 vol. in-8º.

VASSILTCHIKOF : *La famille des Razoumovski.* Saint-Pétersbourg, 1880. (Édition d'Alexandre Brückner). 5 vol. in-8º.

VEHSE : *Histoire des cours allemandes.* Un vol. in-8º.

VOGUÉ (Eugène-Melchior de), de l'Académie française : *La révolte de Pougatchef.* (Revue des Deux-Mondes. Nº du 15 juillet 1879).

WALISZEWSKI (Le comte K.) : *Le roman d'une Impératrice : Catherine II.* Paris, 1893. Un beau vol. in-8º.

WALISZEWSKI (Le comte K.) : *Autour d'un trône : Catherine II.* Paris, 1894. Un beau vol. in-8º.

WELSCHINGER (Henri), de l'Institut : *Le divorce de Napoléon.* 1889. Un vol. in-12.

WORONZOFF (Archives) : *Correspondance du comte Semen Woronzof, ambassadeur de Russie à Londres. — Correspondance de la tsarine avec le duc de Brunswick.*

WRAXHALL : *Historical memoirs of my own time from 1773 to 1784. 4 vol. in-8°, 1845, à Londres.*

TABLE DES MATIÈRES

—

TABLE DES GRAVURES

—

Face à la page

ABBEVILLE, IMPRIMERIE F. PAILLART. — 6-8-29.